In dieser Reihe sind
bisher erschienen:

Richtig Badminton
Richtig Basketball
Richtig Carven
Richtig Fitness-Skating
Richtig Fußball
Richtig Golf
Richtig Golf länger und genauer
Richtig Golf rund ums Grün
Richtig Inline-Skating
Richtig Jogging
Richtig Kanufahren
Richtig Karate
Richtig Marathon
Richtig Mountainbiken
Richtig Muskeltraining
Richtig Paragliding
Richtig Reiten
Richtig Rennradfahren
Richtig Schwimmen
Richtig Segeln
Richtig Snowboarding
Richtig Sportklettern
Richtig Stretching
Richtig Teakwondo
Richtig Tanzen Lateinamerikanische Tänze
Richtig Tanzen Standardtänze
Richtig Tanzen Modetänze
Richtig Tauchen
Richtig Tennis
Richtig Tennistraining
Richtig Tischtennis
Richtig Torwarttraining
Richtig Walking
Richtig Yoga

BLV SPORTPRAXIS TOP

Stefan Winter

Sport-klettern

Die deutsche Bibliothek -
CIP-Einheitsaufnahme

Ein Titeldatensatz für diese Publikation ist bei Der Deutschen Bibliothek erhältlich

Der Autor dankt den Firmen Salewa (www.salewa.com) und Lost Arrow (www.lostarrow.de) für ihre freundliche Unterstützung sowie Peter Naumann, Mitglied des DAV-Bundeslehrteams Sportklettern, für die Demonstrationen der Klettertechniken im Bouldergebiet von Fontainebleau (Frankreich).

BLV Verlagsgesellschaft mbH
München Wien Zürich
80797 München

© BLV Verlagsgesellschaft mbH,
München 2001

Das Werk einschließlich aller seiner Teile ist urheberrechtlich geschützt. Jede Verwertung außerhalb der engen Grenzen des Urheberrechtsgesetzes ist ohne Zustimmung des Verlags unzulässig und strafbar. Das gilt insbesondere für Vervielfältigungen, Übersetzungen, Mikroverfilmungen und die Einspeicherung und Verarbeitung in elektronischen Systemen.

Lektorat: Manuela Stern
Layoutkonzeption: Parzhuber & Partner
Layout und DTP: Gaby Herbrecht, München
Herstellung: Rosemarie Schmid
Druck: Appl, Wemding
Bindung: Conzella, Urban Meister, München
Umschlaggestaltung: Joko Sander Werbeagentur, München
Umschlagfotos: Daniel Geiger (Vorderseite), Stefan Winter (Rückseite)
Zeichnungen: Birgit Hrouzek
Diagramme: Jörg Mair

Printed in Germany · ISBN 3-405-16074-X

Stefan Winter, Jahrgang 1968, ist Sportphilologe und staatlich geprüfter Berg- und Skiführer. Kletternd ist er seit 17 Jahren weltweit und bis zum Schwierigkeitsgrad IX- unterwegs, wobei auch über ein Dutzend Sportkletter-Erstbegehungen auf sein Konto gehen. Er leitet den Bereich Klettern als Schulsport im Referat Bergsteigen, Ausbildung und Sicherheit der Bundesgeschäftsstelle des Deutschen Alpenvereins sowie das DAV-Jugendkursprogramm, das die größte Bergsteigerschule der Welt speziell für Kinder und Jugendliche ist. Zum Thema Klettern in der Schule hat er mehrere Beiträge veröffentlicht. Er ist in der Lehrerfort- und -weiterbildung für verschiedene Institutionen tätig, hat einen Lehrauftrag für Indoor-Klettern an der Universität der Bundeswehr in Neubiberg bei München und ist ehrenamtlicher Schulsport- und Sportkletterreferent der Ortsgruppe Taufkirchen der DAV-Sektion Oberland. Daneben betätigt er sich als DAV-Berater für den Bau von künstlichen Kletteranlagen, Mitglied des Bundeslehrteams Bergsteigen und des erweiterten Bundeslehrteams Sportklettern des DAV sowie als technischer Berater der Bergsportartikelfirma Salewa.

Die Ausarbeitung aller beschriebenen Klettertechniken und Sicherungsformen erfolgte nach bestem Wissen und Gewissen des Autors. Dieser und der Verlag möchten jedoch darauf hinweisen, dass die Anwendung des Beschriebenen nur durch fachkundige Anleitung erlernt werden kann. Autor und Verlag können nicht für Unfallfolgen, gleich welcher Art, haftbar gemacht werden.

Inhalt

VORWORT ———————— 8	**Klettertechniken** **30**
	Verschiedene Sichtweisen 31
ZUM EINSTIEG ———————— II	Ein integratives Klettertechnikmodell 37
	Unbelastet weitertreten 38
	Treten 41
BOULDERN ———————— I9	Greifen 42
	Eindrehen 44
Ausrüstung **19**	Spreizen und Stützen 47
Kletterschuhe 19	Gegendrucktechnik 50
Magnesium und Magnesiumbeutel 20	Froschtechnik 52
Bouldermatte 20	Reibungstechnik 54
Bürsten 21	»Offene Türe« 56
Fußabstreifer 22	Dynamisches Klettern 57
Bekleidung 22	Mantle 59
Imbusschlüssel, Tape, Kreide 22	Rissklettern 62
Rucksack 22	Stemmtechnik 62
	Rastpositionen 65
Aufwärmen **22**	
Allgemeines Aufwärmen 23	**Klettern lernen** **65**
Spezielles Aufwärmen 24	Anfänger 65
	Fortgeschrittener 66
Sicherheit **26**	Könner 66
Abspringen 27	
Landen 27	**Bewegungstaktik** **67**
Spotten 28	
	SPORTKLETTERN ———————— 68
Boulderarten **29**	
Durchklettern eines Boulder-parcours 29	**Ausrüstung** **68**
Ausbouldern eines neuen Boulders 29	Anseilgurte 68
Bouldertraining 29	Hüftgurt 68
Geselliges Bouldern 30	Brustgurt 69

Seile	69	Fädeln und Abbauen	93
Karabiner	70	Seilschaftsklettern	94
Sicherungsgeräte	71	Standplatzbau	96
Kletterhelm	72	Sicherungstheorie	98
Klemmkeile und Klemmgeräte	72	Abseilen	104
		Sicherungstaktik	107

Toprope-Klettern   **75**

Ablauf	75
Anseilen	78
Einbinden	79
Einholen und Ablassen mit HMS	82
Einholen und Ablassen mit fixiertem Achter	82
Einholen mit halbautomatischen Sicherungsgeräten	84

Vorstieg   **85**

Ablauf	85
Seil einhängen (»Clippen«)	86
Seilführung	86
Ausgeben des Seiles mit HMS	87
Ausgeben des Seiles mit fixiertem Achter	87
Ausgeben und Ablassen des Seiles mit GriGri	90
Stürzen	90

ZUM AUSSTIEG ———— 111

Belastungen und Gefahren   **111**

Überlastungsschäden	111
Verletzungen	112

Training   **113**

Konditionstraining	113
Bouldertraining	113

Naturschutz   **114**

Klettern und Naturschutz	114
Sanft klettern	115

Wettkämpfe   **115**

ANHANG ———— 120

Vorwort 7

Katrin Sedlmayer, Europameisterin 2000 im Sportklettern

VORWORT

Sportklettern und Bouldern sind zwei faszinierende Disziplinen des Bergsports, die besonders seit den letzten Jahren auf verschiedenen Ebenen einen rasanten Zuspruch finden und sich immer weiter entwickeln.

Das Sportklettern wird zunehmend in allen Bevölkerungskreisen bekannt und aktiv ausgeübt, sowohl im Fels der Mittelgebirge als auch in den Kletterhallen. Wie bei kaum einer anderen Sportart können Jung und Alt, Anfänger und Fortgeschrittene zusammen in der Natur etwas unternehmen. Mit der immer stärkeren Dichte von Kletterhallen wächst die Möglichkeit, »schnell mal nach Feierabend« zum Klettern zu gehen; das Sportklettern hat sich dadurch als Breiten- und Fitness-Sport etabliert. Sieht man parallel dazu die positive Entwicklung, dass in immer mehr Bundesländern Klettern in den Schulsport integriert wird, so kann man dies nur begrüßen. Das Spiel mit dem eigenen Körper, das Erleben der Schwerkraft, die Spannung durch (immer gut gesicherte) Höhenerfahrung, macht diesen Sport für Kinder und Jugendliche so reizvoll. Erwachsene finden mit dem Sportklettern und Bouldern eine ideale Möglichkeit, um je nach Gusto mehr der eigenen Leistung zu frönen oder mehr mit anderen zusammen die Natur zu genießen. Die verschiedensten Motivationen lassen sich mit den beiden Bergsportdisziplinen ausleben.

Sportklettern wie auch Bouldern sind fest im Wettkampfsport integriert, seit drei Jahren werden auch in der jüngeren Disziplin Bouldern bei großen Veranstaltungen internationale Meister gekürt. Dem Boom, der sich in den letzten Jahren im Bouldern vollzogen hat, trägt auch das vorliegende Buch Rechnung. So wird dem Thema »Bouldern« ein eigenes Kapitel gewidmet. Dies ist auch aus methodischer Sicht sinnvoll, lassen sich doch mit dem Bouldern in idealer Weise alle Klettertechniken lernen und üben. Der Autor sieht das Bouldern jedoch nicht nur als »Vorbereitung« für das Sportklettern, sondern betrachtet es als eigene Disziplin und stellt die dazu nötigen Tipps und Tricks ausführlich dar. Im Kapitel »Sportklettern« liegt dann der Schwerpunkt auf dem Erlernen der verschiedenen Sicherungstechniken beim Klettern mit Seilsicherung von oben (Toprope) und im Vorstieg. Das Unterkapitel »Sicherungstheorie« bietet dabei interessante theoretische Hintergründe. Der Autor vergisst nicht, im letzten Kapitel Umwelt- und Gesundheitsaspekte aufzunehmen und das Sportklettern und Bouldern als Wettkampfsport zu betrachten. Das Buch bietet einen umfassenden Überblick zum sicheren Erlernen aller notwendigen Aspekte der Bergsportdisziplinen Sportklettern und Bouldern.

Dr. Wolfgang Wabel
DAV, Referat Bergsteigen, Ausbildung und Sicherheit
Wettkampfklettern/Spitzensport

Vorwort 9

10 Zum Einstieg

Alpines Sportklettern an der Salbitnadel (Schweiz)

Zum Einstieg

Sportklettern ist die am meisten verbreitete Art des Kletterns und kann von klein auf bis ins Alter betrieben werden. Die geistige Grundlage des Sportkletterns ist die Idee des Freikletterns:

> Zur Fortbewegung dürfen nur die Gesteinsstrukturen einer natürlichen Felswand oder die Griff- und Trittmöglichkeiten einer künstlichen Kletterwand benutzt werden.

Freiklettern heißt in der englischen Sprache *Freeclimbing*. Häufig wird *Freeclimbing* von Laien mit *Free Solo*, dem Klettern ohne jegliche Seilsicherung über Absprunghöhe, verwechselt. Beim Freiklettern werden Seil, Haken und Gurt nur zu Sicherungszwecken verwendet. Die einzigen erlaubten technischen Hilfsmittel sind Reibungskletterschu-

he und Magnesium. Die Durchsteigung einer Kletterroute bis zu ihrem Ende in einem Zug und ohne Ruhen oder Sturz ins Seil ist das Ziel des Freikletterns, welches sich in der jahrzehntealten Geschichte des Kletterns entwickelt hat. Zum ersten Mal wurde der Freiklettergedanke Ende des 19. Jahrhunderts im Elbsandsteingebirge der Sächsischen Schweiz von Pionieren wie Oscar Schuster und Friedrich Meurer formuliert. Zur gleichen Zeit versuchte Frederick Mummery den 4013 Meter hohen »Granitzahn« im Montblancmassiv in Frankreich gemäß dem Freiklettergedanken ohne künstliche Hilfsmittel zu besteigen, was allerdings misslang. Die Geburtsstunde des Sportkletterns in Deutschland liegt in den siebziger Jahren als Kurt Albert und seine Gefährten für jede frei gekletterte Route einen roten Punkt an den Einstieg malten. Bis zur heutigen Zeit haben sich auf dieser Grundlage verschiedene Begehungsstile von Kletterrouten etabliert.

On sight
sturzfreie Begehung einer unbekannten Route im Vorstieg beim 1. Versuch

Flash
sturzfreie Begehung einer Route im Vorstieg beim 1. Versuch nach Inspektion (z. B. Abseilen)

Rotpunkt
sturzfreie Begehung einer bekannten Route in einem Zug von unten

Toprope
sturzfreie Begehung einer Route in einem Zug mit Seilsicherung von oben

a. f. (absolut frei)
freie Durchsteigung einer Route im Vorstieg mit ein- oder mehrmaligem Ruhen an Zwischensicherungen, Weiterklettern aus der Kletterstellung

Die Begehungsstile beim Sportklettern

Zum Einstieg

Einige Schwierigkeitstabellen im Vergleich

UIAA-Skala	Franz. Skala	Sächs. Skala	In Worten
III- III III+	3ieme classe	III IV	Mittlere Schwierigkeiten, senkrechte Stellen oder gutgriffige Überhänge verlangen bereits erhöhten Kraftaufwand
IV- IV IV+	4a 4b 4c	V	Große Schwierigkeiten, längere Kletterstellen bedürfen bereits mehrerer Zwischensicherungen
V- V V+	5a 5a+ 5b	VI	Sehr große Schwierigkeiten, erhöhte Anforderungen an körperliche Voraussetzungen, Klettertechnik und Erfahrung
VI- VI VI+	5c 5c+ 6a	VIIa VIIb VIIc	Überaus große Schwierigkeiten, überdurchschnittliches Können und hervorragender Trainingszustand notwendig
VII- VII VII+	6a+ 6b 6b+	VIIIa VIII b VIIIc	Außergewöhnliche Schwierigkeiten, neben akrobatischem Klettervermögen ist das Beherrschen ausgefeilter Sicherungstechnik unerlässlich
VIII- VIII VIII+	6c/6c+ 7a/7a+ 7b	IXa IXb IXc	Weitere Abnahme der Griffgröße, kontinuierliches Training notwendig
IX- IX IX+	7b+ 7c 7c+/8a	Xa Xb Xc	Nur durch spezielles Training und große Kletterhäufigkeit möglich
X- X X+	8a 8a+/8b 8b+/8c	XIa XIb XIc	Deutliche Zunahme der Durchschnittswandneigung
XI- XI	8c/8c+ 9a		Spitze des derzeit Möglichen, tage- bis monatelanges Routenstudium erforderlich

Zum Einstieg

Neben den Begehungsstilen sind auch die Schwierigkeitsbewertungen ein Mittel zur Leistungsmotivation und Messung der Leistung. Die Bewertung von Kletterrouten durch Schwierigkeitsgrade entstand aus dem Gedanken heraus, Routen miteinander zu vergleichen und die Kletterleistung einzuordnen. Für Mitteleuropa sind die UIAA-Skala, die sächsische und die französische Skala von der größten Bedeutung.

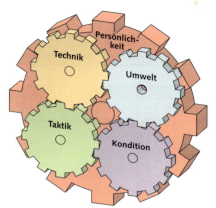

Die Faktoren der Kletterleistung greifen immer ineinander.

Somit ist neben der Stilfrage der Leistungsaspekt ein wesentlicher Bestandteil des Sportkletterns. Die Leistung wird beim Sportklettern stark von den konditionellen Fähigkeiten des Kletterers bestimmt. Kraft, Ausdauer und Beweglichkeit sind Grundvoraussetzungen und müssen in den oberen Schwierigkeitsgraden trainiert werden. Verfügt ein Kletterer über ein großes Repertoire an Bewegungstechniken, kann er seinen Kletterstil variieren und der Kletterwand entsprechend anpassen. Dabei muss er seine körperlichen Voraussetzungen (Körpergröße, Armlänge) und die äußeren Bedingungen (Gestein, Wetter, Sicherung) als unveränderbar hinnehmen und sein klettertaktisches Verhalten den Anforderungen genügend gestalten.

Wie wird Sportklettern ausgeübt, wie verhalten sich Kletterer und wie unterscheidet sich ihr Tun von anderen Sportlern?

Sportklettern ist äußerlich das Vollbringen einer durch Kondition, Technik und Taktik geprägten Turnkür an einer Felswand und innerlich die Auseinandersetzung des Geistes mit einem zu bewältigenden Kletterproblem. Der Kletterer versucht immer schwerere Routen in einem Zuge zu durchsteigen, ohne dabei zu stürzen. Das ist vergleichbar mit einem Sprinter, der eine bestimmte Strecke so schnell wie möglich zurücklegen möchte, oder mit einem Spieler, der durch trickreiche Spielzüge den Torerfolg sucht. Das Ziel »Schneller, höher, weiter« ist, wie in anderen Sportarten, auch beim Sportklettern eine der wirksamsten Antriebskräfte.

Das Verhalten der Kletterer zeigt aber auch Merkmale auf, die mit dem traditionellen Sportverständnis von Training für Wettkampf und Leistung oder mit dem Pflegen des Hobbys und dem Vereinsleben nicht so viel gemein haben.

14 Zum Einstieg

Landschaftliche Eindrücke bereichern besonders das Klettern im Freien.

Zum Einstieg 15

Sportklettern ist ein Aufbruch: Der Besuch eines Felsgebietes bewirkt ein Leben und Aufhalten in völlig anderer Umgebung und ein Heraustreten aus dem Alltag. Zudem erfordert Klettern Flexibilität gegenüber dem Seilschaftsgefährten und Rücksicht auf die schützenswerte Flora und Fauna der Felsen. Mit dem Klettern sind Schlagworte wie Abenteuer, Fernweh, Heimat und Urlaub verbunden. Der häufig ganztägige Aufenthalt in freier Natur, das extreme Körperbewusstsein, die Fähigkeit zu hochzentrierter Aufmerksamkeit und die teilweise diätbewusste Ernährung sind auffälliges Verhalten.

Katrin Sedlmayer in der Finalroute der Europameisterschaft 2000 im Sportklettern

Der Zeitpunkt des sportlichen Messens wird von den Kletterern selbst gewählt – frei und unabhängig von einem Schiedsrichterpfiff. Ausgenommen davon sind die Profi-Wettkampfkletterer, die ein direktes Kräftemessen suchen, das zuschauergerecht aufbereitet und in einen Wettkampfkalender mit festen Terminen eingebettet ist. Wettkämpfe finden ausschließlich an künstlichen Kletterwänden statt. Über dem Vergleich steht jedoch der Spaß an der Bewegung und der für das Umweltbewusstsein nachhaltig wirkende Aufenthalt in der freien Natur. Das Klettern im Freien unter weitgehendem Ausschluss von alpinen Gefahren, die optimale Sicherung und der angenehme Spannungswechsel zwischen Anstrengung und Pause, der leicht und selbstständig gestaltet werden kann, lassen das Sportklettern von Vorschriften befreit und unbeschwert erscheinen. Die Popularisierung der Abenteuer- und Natursportarten in den letzten Jahren ließ auch das Sportklettern zur schnelllebigen Trendsportart werden. Die Freizeitindustrie entdeckte Klettern als Sportart, die besondere Aufmerksamkeit auf sich zieht, und nimmt Einfluss auf die Kletterszene.

Vor nahezu zwei Jahrzehnten war eine Entwicklung des nur von Individualisten betriebenen Kletterns zur Trendsportart noch nicht abzusehen. Kletterern wurde damals weltweit viel Unverständnis entgegengebracht, man hielt sie für verrückte Spinner, die sich den Naturgewalten aussetzen und sich vom Rest der Gesellschaft abkapseln. Das Klettern wurde jedoch durch die Kommerzialisierung zum Hobby von vielen. Im Gegensatz zu den Kletterern der ersten Stunde ist das Klettern für Freizeitsportler nicht der alleinige Lebensinhalt.

Künstliche Kletterwände eignen sich hervorragend für Wettkämpfe und Training.

Zum Einstieg 17

Das Sportklettern erfährt durch künstliche Kletterwände einen enormen Aufschwung.

Auch der Lebensstil der nachfolgenden Kletterergeneration wurde durch diese Entwicklung beeinflusst und Ausbildung, Beruf und Karriere haben auch unter Kletterern einen so hohen Stellenwert wie nie zuvor erreicht. Die verfügbare Zeit für das Klettern wird dadurch immer weniger. Die Lösung dieses Problems geschieht durch Zeitersparnis durch modernste Ausrüstung, optimal gesicherte Routen und immer besseren Service in den Klettergebieten. Es entstanden attraktive Indoor-Kletteranlagen mit Sauna, Bistro und Geschäften, in denen man sich am Feierabend vergnügen kann. Mit diesen Kletterhallen wird für die Kletterer ein Sportplatz und Szenetreff geschaffen, der sich gleich neben der Haustür befindet.

Obwohl am Anfang das Klettern als reines Abenteuer betrachtet wurde und von den Aktiven kein Anschluss an den organisierten Sport gesucht wurde, ist es durch den Wandel der Einstellungen und des Lebensstils schließlich zum Sport geworden. Mittlerweile ist Sportklettern in Europa durch die Mitgliedschaft der Alpenvereine als Fachverbände für Sport- und Wettkampfklettern in den nationalen und internationalen Sportbünden zu einer so genannten Spitzensportart avanciert und verbandsintern von Bundes- bis Landes- und Sektionsebene strukturiert.

Einen neuen Aufschwung erfährt momentan das Bouldern – die Urform des Kletterns.

Tierischer Kletterspaß

Ausrüstung

Bouldern

Das Bouldern – also das Klettern bis Absprunghöhe – kann allein oder zu mehreren und ohne Seilsicherung betrieben werden. Theorie und Praxis des Boulderns spielen vor allem für das Erlernen und Verbessern von Klettertechniken eine Schlüsselrolle. Darüber hinaus hat es sich mittlerweile zu einer eigenständigen Spielart des Kletterns entwickelt. Von vielen wird Bouldern als die »Königsdisziplin« des Kletterns betrachtet, da ausschließlich die Kletterbewegungen im Vordergrund stehen. Diese werden an manchen Felsblöcken auf wenige Kletterzüge, manchmal sogar auf nur einen einzelnen reduziert.

Ausrüstung

Das Schöne am Bouldern ist, dass dazu nur wenige Ausrüstungsgegenstände benötigt werden. Im Grunde genügen Kletterschuhe und etwas Magnesium. Zusätzlich werden eine Bouldermatte und einige kleine Utensilien verwendet, zum Beispiel eine Bürste zum Reinigen der Griffe oder ein Fußabstreifer für die Schuhsohlen.

Kletterschuhe

Klettern wird durch Reibungskletterschuhe wesentlich erleichtert. Ihre unprofilierte Spezialsohle aus Gummi und die enge Passform des Obermaterials (meistens Leder) gewähren selbst auf kleinsten Vorsprüngen präzises Stehen.

Für Anfänger empfiehlt sich ein Kletterschuh mit mittelharter Sohle. Diese zeichnet sich durch eine hohe Kantenstabilität aus, was durch längsseitiges Durchbiegen und seitliches Verwringen getestet werden kann. Der Schuhschaft ist entweder knöchelhoch, zum Schutz der Fußgelenke vor Anschlagen, oder halbschuhförmig für optimale Bewegungsfreiheit und niedriges Gewicht.

Knöchelhoher Schuh

> **Einkaufstipp:**
> • Steht beim Kauf eine Kletterwand zur Verfügung, kann man ausprobieren, ob das Obermaterial des Schuhs beim Treten störende Falten wirft.

Ein weicher Schuh kann dem Kletterer empfohlen werden, der über eine gute Tritt-Technik und trainierte Fußsohlen- und Wadenmuskulatur verfügt. Die weichere Ausführung der Sohle erleichtert vor allem das Anschmiegen des Fußes an kleinste Felsunebenheiten und das Reibungsklettern. Eine Sonderform nehmen die so genannten »Ballerinas« ein.

Mittelharter Kletterschuh und Ballerina

Bouldern

Verschiedene Magnesiumformen: Pulver, Block und Ball. Das Magnesiumpulver wird in einem kleinen Beutel transportiert.

Das sind extrem weiche Slipper ohne Schnürung, die mittels Klettverschluss oder Flexbändern sehr schnell an- und ausgezogen werden können.

Magnesium und Magnesiumbeutel

Magnesium – oder englisch chalk – dient zum Aufsaugen von Handschweiß und sorgt für guten Halt. Es ist in Blöcken oder als Pulver erhältlich. Da es in diesen Formen leicht staubt, benutzt man zum Einpudern der Finger auch gerne so genannte Magnesiumbälle aus engmaschigen Netzen. Jeder Kletterer muss selbst herausfinden, welche Form ihm am liebsten ist und in welcher Menge er es einsetzt. Es ist empfehlenswert, mit so wenig »chalken« wie möglich zu klettern. Dies beugt vor allem der Verschmierung der Griffe vor. Häufiges »chalken« unterbricht zudem den Bewegungsfluss und ist oft nur ein zweckloses Ritual.

Boden deponiert werden. Überdimensionierte Beutel mit großer Standfläche sind dafür ideal. Je nach Kletterei, Gestein und abhängig davon, ob die Griffe besonders abgegriffen und marmorisiert sind, werden nur die Fingerspitzen oder gleich die ganzen Hände eingepudert. Bei großgriffigen »Henkelklettereien« werden auch die Handballen eingechalkt.

Bouldermatte

Matten sind beim Bouldern unentbehrlich. Sobald der Niedersprungbereich uneben oder mit Hindernissen versehen ist und die Absprunghöhe einen Meter übersteigt, kommen sie zum Einsatz. Nur so kann typischen Aufprallverletzungen wie einem Bänderriss oder Knöchelbruch vorgebeugt werden. Die Matte besteht aus sehr abriebfesten Nylonmaterialien, zum Beispiel Cordura. Im Inneren befinden sich besonders

Einkaufstipps:
- Das Wiederauffüllen von Aufbewahrungsbehältern ist günstiger als der Neukauf von Magnesium.
- Achten Sie auf den dichten Verschluss des Magnesiumbeutels!

Magnesium wird in einem Beutel aufbewahrt, der entweder mit kleinem Karabiner oder mit dünner Reepschnur auf Hüfthöhe transportiert wird. Für kurze Boulder kann der chalkbag auch am

Ausrüstung 21

Bouldermatten »Spotmaster 1« und »Spotmaster« von Lost Arrow

Teleskopstock mit Bürste zum Putzen weit entfernter Griffe

stoßdämpfende Schaumstofflagen. Da es viele verschiedene Schaumstoffausführungen gibt, sollten Sie sich vor dem Kauf unbedingt informieren oder testen, ob der Schaumstoff nicht schon aus niedrigen Sprunghöhen bis zum Boden durchgetreten werden kann. Bouldermatten werden zum Transport meistens wie ein Buch zusammengeklappt und wie ein Rucksack oder Koffer getragen.

Einkaufstipps:
- Fragen Sie beim Kauf, ob abgenutzter Schaumstoff nachbestellt werden kann.
- Metallschnallen sind Plastikschließen vorzuziehen.

Zusätzlich zu dieser Grundausstattung erleichtern diverse Spezialutensilien den Boulderalltag.

Bürsten

Zum Reinigen der Griffe und Tritte von zu viel Magnesium oder Schmutz wird eine Bürste verwendet. Eine ausrangierte Zahnbürste ist dafür völlig ausreichend. Je feiner die Borsten sind, um so besser werden auch kleinste Poren des Griffes gereinigt. Vorsicht vor Drahtbürsten! Diese können das Gestein beschädigen und hinterlassen hässliche Kratzer. Sind Griffe und Tritte nicht mehr in

Bouldern

Reichweite, kann man die Bürste an einem ausfahrbaren Teleskopstock befestigen.

Fußabstreifer

Kaum hat man die Kletterschuhe angezogen und geht ein paar Schritte zum Einstieg, sind die Sohlen schon verschmutzt und haften nur noch halb so gut. Abhilfe schaffen Fußabstreifer, die am Einstieg ausgelegt werden. Geeignet sind alte Teppichstücke, Segeltuchplanen oder richtige Fußabstreifer.

Bekleidung

Zum Bouldern können Sie alle Kleidungsstücke tragen, die große Bewegungsfreiheit gestatten. Handschuhe, Mütze und Wärmejacke sollten auf jeden Fall im Rucksack sein, wenn man bei niedrigen Temperaturen klettert. Diese werden von vielen Boulderfreaks bevorzugt, da man dann weniger schwitzt und die Luftfeuchtigkeit geringer ist.

Imbusschlüssel, Tape, Kreide

Zum Bouldern an künstlichen Kletterwänden benötigen Sie Imbusschlüssel der Größe 6 und 8. Lockere Befestigungsschrauben von Griffen können mit ihnen jederzeit angezogen werden. Vergessen Sie nicht Kreide oder Tape zum Markieren von Griffen und Tritten.

Rucksack

Die gesamte Ausrüstung – außer der Bouldermatte – wird am besten in einem Kletterrucksack transportiert, der ein Volumen von 30–45 Litern hat. Das Material sollte aus robustem und wasserabweisendem Nylon bestehen. Wichtige Bestandteile des Rucksacks sind gepolsterte Tragegurte, eine Deckeltasche und ein bequemes Tragesystem.

Ist man mit dem Klettermaterial endlich am Ort seiner Wünsche angekommen, könnte es eigentlich mit dem Bouldern losgehen. Doch Halt! Vor dem Bouldern müssen Körper und Geist in Kletterstimmung kommen – man muss sich aufwärmen.

Aufwärmen

Das Aufwärmen ist bei allen sportlichen Aktivitäten von großer Bedeutung. Durch einen Kaltstart beim Klettern können Sie sich leicht verletzen. Bestimmt würden Sie ein Auto kurz nach dem Start auch nicht auf maximale Drehzahl hochjagen. Der Körper sollte getreu dem Motto »vom Leichten zum Schweren« langsam an die bevorstehende Kletterbelastung herangeführt werden.

Zum Aufwärmen bietet Gymnastik in den Bereichen Mobilisation und Dehnung einen schier unerschöpflichen Fundus an

Aufwärmen 23

Übungs-, Spiel- und Wettkampfformen. Sie sollten je nach der Außentemperatur, dem momentanen Fitnesszustand und dem gewählten sportlichen Ziel während 10–20 Minuten kombiniert werden. Passendes Schuhwerk, eventuell diverse Übungsgeräte und eine motivierte Einstellung sind die Startvoraussetzungen. Dennoch muss man nicht schon hier Weltrekorde brechen. Genauso wenig Sinn macht ein unterschwelliges, sprich ein anspruchsloses Aufwärmen. Es ist ratsam, in seinen Körper »hinein zu horchen« und sich vom Körpergefühl leiten zu lassen, ob die »Betriebstemperatur« stimmt und die Bewegungskoordination leistungsbereit ist. Werden diese Punkte berücksichtigt, wirkt sich die Erwärmung folgendermaßen auf die Gesundheit der Kletterer aus.

Optimale körperliche Bereitschaft

❚ Notwendige Durchblutung der geforderten Muskulatur, auch in den Extremitäten

❚ Zunahme der Produktion von geschmeidiger Gelenkflüssigkeit

❚ Erhöhte Herz- und Atemfrequenz zur Sauerstoffversorgung

Optimale geistige Bereitschaft

❚ Zentrierte Aufmerksamkeit und Konzentration

❚ Erhöhte Motivation

❚ Gesteigertes Körperempfinden

Allgemeines Aufwärmen

Das allgemeine Aufwärmen erfolgt zu Beginn. Das gesamte Herz-Kreislauf-System muss »in Schwung« gebracht werden. Geeignet sind vorzugsweise Laufen und Hüpfen in Variationen. Dabei müssen die örtlichen Gegebenheiten berücksichtigt werden, denn nicht in jeder Kletterhalle kann man schnell ein paar Runden laufen oder Spiele durchführen. Auch nicht jeder Einstiegsbereich an den Felsen eignet sich zum Herumturnen. Oft kann schon der Zustieg zu den Felsen, der meistens mehrere Minuten dauert, zur Kreislauferwärmung genutzt werden.

Übungsbeispiele:

1. Laufen
Mit lockerem Traben beginnen, dann zum Laufen übergehen. Kurze Sprints einlegen.

2. Gymnastik
Zu empfehlen sind Übungen am Ort wie Anfersen, Hampelmann, Schritt- oder Hocksprünge.

3. Spiele
Besonders motivierend sind Spiel- und Wettkampfformen: Wettrennen, Fangus, Staffelwettbewerbe. Zurückhaltung ist bei allen Spielen mit Körperkontakt geboten!

4. Mobilisieren
Zur Erhöhung der Bereitschaft für große Kraftleistungen können leichte Kräftigungsübungen im niedrigen, nicht an-

Bouldern

strengenden Intensitätsbereich durchgeführt werden: Liegestütze in aufrechter Stellung an der Wand, halbe Kniebeugen, einige angedeutete Klimmzüge etc.

5. Dehnen

Dehnübungen runden das allgemeine Aufwärmen ab. Hier handelt es sich allerdings nicht um ein ausgiebiges Beweglichkeitstraining. Die Haltezeiten bewegen sich nur im Bereich von maximal 15 Sekunden, um die Muskulatur vor dem Klettern nicht übermäßig zu entspannen.

Ablauf:
- Einnehmen der Dehnstellung
- Dehnen bis zum spürbaren muskulären Widerstand
- Halten der Dehnung
- Entspannen und Muskeln lockern
- Jede Übung (zum Beispiel seitliches Rumpfbeugen, Ausfallschritte, Seitgrätsche) wird zwei- bis dreimal wiederholt.

Spezielles Aufwärmen

Das spezielle Aufwärmen dient der Einstimmung auf typische Klettersituationen. Der Körper sollte sich hierzu warm anfühlen und die Gelenke sollten »geschmeidig« sein. Zum speziellen Aufwärmen können Sie auch die Kletterwand einbeziehen.

Unten: Aushängen

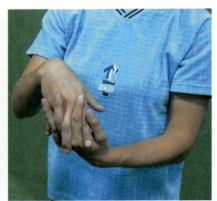

Rechts unten: Handgelenksrollen

Aufwärmen 25

1. Mobilisationsübungen
➤ Handgelenksrollen
➤ Den Körper an großen Griffen »aushängen«
➤ Verschiedene Griffe am Wandfuß belasten
➤ Versuchen mit den Händen »die Wand wegzuschieben«

2. Geschicklichkeitsübungen
➤ Auf Klötzen oder Steinen balancieren
➤ Verschiedene Tritt- und Griffwechsel ausführen
➤ Ungefährliche Niedersprünge

3. Kurzzeitiges Dehnen
Die Muskulatur, die während des Kletterns flexibel sein muss (zum Beispiel die innere Oberschenkelmuskulatur beim Spreizen) sollte vorgedehnt werden. Vermeiden Sie wiederum lange Haltezeiten.

Oben:
Hohes Antreten zum Andehnen der Beinmuskulatur

Links:
Die »Wand verschieben«

Bouldern

➤ Hohes seitliches Antreten
➤ Seitspagat
➤ Beugemuskeln des Unter- und Oberarmes
➤ Streckmuskeln des Unter- und Oberarmes

Oben: Dehnen der Beugemuskeln

Rechts: Dehnen der Streckmuskeln

4. Einklettern

Nun folgt das Einklettern. Dabei wird die Schwierigkeit der Boulder langsam gesteigert. Technisch diffiziles Klettern eignet sich zum Einklettern weniger, ebenso konditionell stark belastendes. Am besten klettern Sie zuerst unter der persönlichen Leistungsgrenze zum »Plaisier« und lösen anschließend die harten Boulderprobleme. Dies wirkt sich positiv auf den Leistungsaufbau aus.

Während der nachfolgenden Bouldereinheit sollte man Maximalkraftboulder (»extrem anstrengende«, kurze Boulder mit 2–4-maligem Weitergreifen bei willentlich maximaler Leistung) nur mit einem Abstand von 3–5 Minuten zwischen den einzelnen Bouldern klettern. Nach drei Gesamtwiederholungen eines Maximalkraftboulders ist dann eine längere Pause von 10–15 Minuten notwendig, in der man sich aktiv und passiv »warm hält«, zum Beispiel mit Gymnastik und wärmender Kleidung.

Bouldern im Kraftausdauerbereich (»sehr ermüdende«, mittellange Boulder mit 6–30-maligem Weitergreifen im Leistungsvolumen zwischen 30 Prozent und 95 Prozent der Maximalkraft) erzeugen die unter Kletterern bekannten »dicken Unterarme«. Dieser Zustand ist zu Trainingszwecken durchaus erwünscht, sollte aber nicht zu extrem harten Unterarmen führen, um noch ein Minimum an Energieversorgung in der Muskulatur zuzulassen.

Sicherheit

Selbst wenn Bouldern relativ ungefährlich ist, gehören Sicherheitsmaßnahmen immer dazu. Diese sind vor allem von

Sicherheit

der Absprunghöhe abhängig. Auch Sprünge mit kurzen »Flughöhen« können bei ungeeignetem Niedersprungbereich schmerzhaft enden.

Abspringen

Generell sind beim Abspringen unkontrollierte Bewegungen zu vermeiden. Dieser und alle folgenden Hinweise können natürlich nur berücksichtigt werden, wenn der Absprung bewusst erfolgt.

Bitte beachten Sie:
❚ Vor dem Klettern sollten alle Hindernisse aus dem Niedersprungbereich entfernt werden.
❚ Vor dem Abspringen visiert man den Niedersprungbereich optisch an.
❚ Im stark geneigten Gelände eignen sich »abrutschen«, »rückwärts, vorwärts oder seitlich ablaufen«, »ablaufen mit abspringen« oder »abspringen«.
❚ Im schwach geneigten Gelände kann man »abrutschen« oder »abspringen«.
❚ Im senkrechten Gelände lässt der Kletterer alle Haltepunkte gleichzeitig los und springt leicht in Richtung Landeplatz ab.
❚ Im überhängenden Gelände sollte man sich folgendermaßen verhalten: Die Beine zuerst rausschwingen lassen, den Schwung mit einem Klimmzug abfangen, im »toten Punkt« der Bewegung beide Hände gleichzeitig loslassen und senkrecht nach unten fallen

lassen oder die Beine rausschwingen lassen, verzögert die Hände loslassen oder die Hände und Füße gleichzeitig loslassen.

Landen

Beim Landen und Aufprallen im Niedersprungbereich besteht große Verletzungsgefahr. Es lohnt sich deshalb, ein

Kontrollierter Niedersprung

Bouldern

Übungs- bzw. Gewöhnungstraining unter erleichterten Bedingungen durchzuführen. Folgende Punkte gilt es zu beachten:

❚ Bei geringer Fallhöhe (weniger als ein Meter) Landung mit beiden Beinen weich abfedern
❚ Bei Fallhöhen über einem Meter in geschlossener Fußstellung landen und seitlich umfallen oder besser abrollen
❚ Möglichst immer beidbeinig landen

Immer den Körperschwerpunkt des Kletterers spotten

❚ Nicht schlagartig auf das überstreckte Handgelenk abstützen (Knochenbruchgefahr!)
❚ Aufprall auf das Gesäß vermeiden (mögliche Folge: Steißbein- oder Wirbelprellung bzw. -stauchung), ebenso Aufprall auf den Rücken vermeiden (mögliche Folge: kurzzeitiges Aussetzen der Atmung durch Prellung der Atemhilfsmuskulatur). Bei Beschwerden sollten Sie unbedingt einen Arzt aufsuchen!

Spotten

Sobald man zu mehreren bouldert, erfolgt die gegenseitige Sicherheitsstellung, im Boulderjargon »spotten« genannt. Wichtige Tipps:

❚ Im Niedersprungbereich nimmt der Spotter in Erwartungshaltung die Sicherheitsstellung ein.
❚ Die Arme werden generell gestreckt auf den Körperschwerpunkt gerichtet. Eine Ausnahme ist der Dachboulder, hier sollten Sie den Oberkörper anvisieren, damit die Beine zuerst durchschwingen können.
❚ Legen Sie die Finger aneinander und die Daumen seitlich an, um Gelenksverrenkungen durch ein Hängenbleiben zu vermeiden.
❚ Versuchen Sie nicht den Stürzenden zu halten, sondern bringen Sie ihn durch Beugen der Arme und Bücken verzögert zu Boden.
❚ Je höher gebouldert wird, desto mehr Sichernde sollten bereit stehen.

Boulderarten

- Ziehen Sie den Stürzenden vor Hindernissen (zum Beispiel Blöcke) im Niedersprungbereich weg.
- Man darf erst dann zu spotten aufhören, wenn der Boulder beendet ist.
- Eventuell ist es notwendig, auch beim Abklettern zu spotten.
- Bei einem Boulderquergang kann auch laufend die Bouldermatte vom Spotter mitgezogen werden.

Boulderarten

Im Laufe der Zeit haben sich verschiedene Möglichkeiten des Boulderns entwickelt. Diese sind abhängig vom Gelände, vom Kletterpartner und von persönlichen Vorlieben.

Durchklettern eines Boulderparcours

Ein Boulderparcours besteht aus mehreren aneinander gereihten und durchnummerierten Bouldern gleicher, steigender oder wechselnder Schwierigkeit. Die Boulder befinden sich in der Halle oder im Freien, sie sind entweder markiert oder man stellt sie sich selbst zusammen.

Ausbouldern eines neuen Boulders

Ausbouldern ist die kreativste Form des Boulderns und erfordert neben konditionellen vor allem auch mentale Fähigkeiten. Der Kletterer versucht eine unbekannte »ansprechende« Linie auf Anhieb zu durchsteigen. Scheitert er, dann erfolgt das kontinuierliche Ausarbeiten der besten Bewegungsabfolge.

Bouldertraining

Bouldertraining ist das systematische Trainieren von Kondition und Technik an einer Kunst- oder Felswand. Die Kunstwand ist besonders geeignet, da man gewünschte Bewegungsabfolgen und

Im Dach muss der Oberkörper des Kletterers gespottet werden, damit die Beine durchschwingen können.

Bouldern

Schwierigkeiten durch Umschrauben der Griffe mühelos herstellen kann. Bestimmte Muskelgruppen werden durch die Verwendung entsprechender Griffe gezielt beansprucht.

Geselliges Bouldern

Das Bouldern zu zweit oder in der Gruppe ist die sozial interessanteste Boulderart. Mit oder ohne bestimmte Vorgaben lassen sich Kletterer vom gemeinsamen Tun inspirieren. Durch Anfeuern und Hilfestellungen kann die Leistungsbereitschaft enorm gesteigert werden.

Klettertechniken

Im Sport versteht man unter Technik das Idealmodell einer Bewegung. Mit dieser Idee von der Idealbewegung haben sich auch im Klettersport viele Experten beschäftigt. Da es für das Klettern keine Bewegungsvorschriften durch ein offizielles Regelwerk gibt und kein standardisiertes Sportgerät existiert – wie zum Beispiel beim Geräteturnen, bei dem es für die Benutzung von Reck, Barren etc. bestimmte Übungen gibt – fällt es nicht leicht, die Idealbewegungen des Kletterns zu definieren. Erschwerend kommt hinzu, dass es am Felsen keine Kletterstelle zweimal gibt und auch an der Kunstwand findet man keine identischen Kletterrouten. Alle Kletterstellen sind also grundsätzlich immer verschieden und ein Kletterer kann diese auf beliebige Art bewältigen.

Mit welcher Zielsetzung wird dann Klettertechnik beschrieben?

Wie in anderen Sportarten wird auch beim Klettern vorrangig die sportliche,

Das Phasenmodell von Lorenz Radlinger

Vorbereitungsphase	Hauptphase	Endphase	neue Vorbereitungsphase
– Erkennen von Griff und Tritt – unbelastet antreten und greifen – Schwerpunktverlagerung (belasten) über Tritt bzw. unter Griff	– Beschleunigung des Schwerpunktes in Bewegungsrichtung	– Herstellen eines stabilen statischen Gleichgewichtes	wie vorn

Klettertechniken

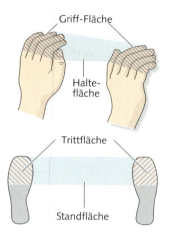
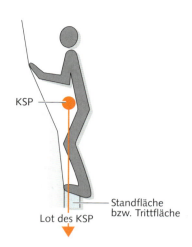

Links oben: Beim Greifen sollte auf Formschluss der Finger auf der Griff-Fläche geachtet werden.

Links unten: Die Größe der Trittfläche beeinflusst die Stabilität des Gleichgewichts.

Links: Die Grundstellung beim Klettern

leistungsorientierte Sichtweise für die Betrachtung der Bewegungstechniken herangezogen. Unter diesem Blickwinkel haben es sich die Fachleute zur Aufgabe gemacht, die ökonomischsten Bewegungsmöglichkeiten, die beim Klettern zur Lösung eines Bewegungsproblems führen, ausfindig zu machen.

Verschiedene Sichtweisen

Klettern zählt zu den azyklischen Bewegungen, im Gegensatz zu zyklischen Bewegungen wie beispielsweise dem Radfahren oder Laufen. Eine Klettertechnik wird dabei in drei Phasen unterteilt: die Vorbereitungsphase, die Haupt-

> **Wichtig:**
> Kletterbewegungen lassen sich aneinanderreihen oder miteinander kombinieren.

phase und die Endphase. Diese folgen zeitlich aufeinander und erfüllen verschiedene Funktionen. Da nach der Abfolge dieser Phasen oft eine Pause eintritt, sprechen wir von einer in sich geschlossenen Bewegungsreihe.
Dies trifft sicherlich für eine Vielzahl von Kletterbewegungen zu. Doch oftmals gehen Endphase und Vorbereitungsphase ineinander über und verschmelzen zu einer Einheit. Dann bildet sich eine fließende Kletterbewegung ohne Unterbrechung heraus. Dies ist zum Beispiel der Fall, wenn der Körperschwung beim Rausschwingen mit den Beinen aus einem Überhang sofort zum Weitergreifen genutzt wird. Wir sprechen dann von einer Bewegungskombination.
Die Kontrolle des Körperschwerpunktes (KSP) steht im Mittelpunkt jeder Klettertechnik. Dieser befindet sich je

Bouldern

Durch Einnehmen einer Bogenspannung in Überhängen und Dächern kann der KSP in eine günstige Position in Richtung Trittflächen verschoben werden.

nach Stellung des Rumpfes und seiner Gliedmaßen an wechselnden Positionen und wirkt sich stabilisierend oder störend auf das körperliche Gleichgewicht aus. Unter dem Ziel ökonomisch zu klettern und das Gleichgewicht zu stabilisieren, sollte der KSP möglichst senkrecht (»im Lot«) über der Standfläche oder Trittfläche liegen.

Wichtig:
Die Kontrolle des Körperschwerpunktes steht im Mittelpunkt der jeweiligen Technik.

Klettertechniken 33

Das ist für Kletterer in geneigten bis senkrechten Wandstellen meistens unproblematisch einzurichten. In Überhängen und Dächern wird es schon schwieriger und das Gleichgewicht des Körpers muss durch enorme Beweglichkeit und erhebliche muskuläre Mehrarbeit gehalten werden. Sonst wirkt die Erdanziehungskraft so stark auf den KSP, dass das daraus resultierende große Drehmoment auf den Tritten zum Abrutschen der Füße führt.

Je kleiner die Entfernung des KSP von der Standfläche ist und je großflächiger diese ist, desto größer ist meistens die Stabilität des Gleichgewichts. Eine Maßnahme zur Erhöhung der Stabilität kann daher zum Beispiel das Spreizen sein. Nach den Kletterexperten Michael Hoffmann und Wolfgang Pohl verfügt ein Kletterer idealerweise über:

❚ Gleichgewichts- und Orientierungsfähigkeit in allen erdenklichen Körperstellungen.

❚ Anpassungs- und Umstellungsfähigkeit an unterschiedliche Bedingungen in einer Route.

❚ Reaktionsfähigkeit bei plötzlich eintretenden Gleichgewichtsstörungen.

Wichtig:
Im Zentrum der Klettertechnik steht die ständige Gleichgewichtskontrolle in der Bewegung und in den Ruhepositionen.

❚ Motorische Lernfähigkeit zur Erweiterung des »Bewegungsschatzes«.
Darüber hinaus sind drei elementare, biomechanisch günstige Verhaltensweisen bei jeder Klettertechnik die Grundlagen des Bewegens.
Dies ist zum einen der Vorrang der Beinarbeit. Das heißt, die Beine sollen

Lage des KSP bei stark geneigter Wandkletterei

Bouldern

Klettertechnik kann kompliziert sein.

das Körpergewicht tragen und der Körperhub soll vorrangig durch die Streckung der Beine erfolgen, nicht durch Armzug. Außerdem ist beim Klettern die Nutzung optimaler Gelenkwinkel besonders wichtig. Extrempositionen wie Überstreckungen wechseln sich mit Normalpositionen ab. Zur Kraftersparnis klettert man häufig am »langen Arm« und nicht am angewinkelten Arm.

Neben den koordinativen Fähigkeiten und gerade genannten grundlegenden Kletterprinzipien spielen die immer wiederkehrenden Kletterbewegungen eine wichtige Rolle. Sie werden Bewegungsgrundmuster genannt.

Bewegungsgrundmuster des Kletterns sind die Steig-, Reibungs-, Spreiz-, Stemm-, Gegendruck-, Klemm-, Überhang- und Dachtechnik, Mantletechnik, Dynamische Klettertechnik, Rastpositionen sowie die grundlegenden Techniken Greifen und Treten. Ihr wichtigster Merksatz lautet in diesem Zusammenhang:

> Die Klettertechniken stellen Grundmuster dar, die selten in der reinen Ausprägung Anwendung finden. Die Vielzahl der möglichen Kletterstellen verlangt sowohl eine ständige Variation der Grundmuster als auch die Kombination verschiedener Techniken.

Klettertechniken

Wenn eine Kletterei zu »schwer« ist und dadurch der Bewegungsfluss unterbrochen wird, sind meistens drei Problemfelder dafür verantwortlich:

- Ein Fuß kann nicht zum gewünschten Tritt versetzt werden.
- Eine Hand kann nicht loslassen oder weitergreifen.
- Der gewünschte Körperhub lässt sich nicht realisieren, da man keine Vorstellung hat, wie man die Stelle klettern soll.

(Michael Hoffmann, 1996)

Um die Kletterei fortsetzen zu können, bieten sich dem Kletterer die eben aufgezählten Bewegungsgrundmuster als Lösungsmöglichkeiten an. Es ist lohnenswert, in den drei Problemfällen alle Bewegungsgrundmuster geistig »parat zu haben«. Diese können ausprobiert werden, bis eine Technik »wie ein Schlüssel für die vorhandenen Griffe und Tritte paßt«. Je besser die Bewegungsvorplanung der Kletterstelle ausgeprägt ist, umso eher kann ein Kletterer diese Schlüsselstellen lösen.

Man kann wie eingangs erwähnt eine Kletterbewegung auch in Teilbewegungen unterteilen. In diesem Zusammenhang spielen nicht nur die Fragen wann, wo und wie etwas gemacht wird, die entscheidende Rolle, sondern auch warum eine Kletterbewegung ausgeführt wird und welche Funktion sie hat. Die Kletterbewegung wird auch in eine Hauptfunktion, eine Hilfsfunktion 1. Ordnung und eine Hilfsfunktion 2. Ordnung unterteilt.

Bei genauer Überlegung ergibt sich, dass sich in einer einzelnen Teilbewegung auch mehrere Funktionen überlagern können. Wenn sich Kletterer beispielsweise in einem Dach zwischen den Griffen und Tritten verspannen, dann bauen sie dadurch Körperspannung auf (Hilfsfunktion 2. Ordnung). Diese Aktion stabilisiert den Körper und trägt dazu bei, eine günstige Ausgangsstellung zum Weitergreifen oder Nachtreten einzunehmen (Hilfsfunktionen 1. Ordnung). Teilbewegungen beim Klettern sind also nie isoliert voneinander zu sehen, sondern auch in ihrer Verzahnung untereinander.

Die Grundelemente Greifen, Treten und Positionieren des KSP und der Bewegungsablauf des Weitergreifens sind

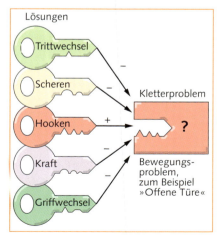

Je größer der Bewegungsschatz von Kletterern ist, desto mehr Lösungen bieten sich für Bewegungsprobleme an.

Bouldern

Salavat Rakhmetov bei der Spezialtechnik »Figure of four«

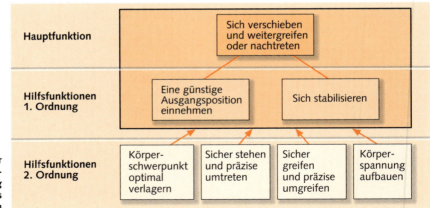

Die Struktur der Kletterbewegung nach Markus Kümin

Klettertechniken

nach Guido Köstermeyer Grundtechniken des Kletterns. Das Weitergreifen kann man in Weitergreifen mit und ohne Ausholbewegung unterteilen, es wird statisches und dynamisches Weitergreifen genannt. Durch die Variation dieser Elemente können alle Kletterstellen gelöst werden.
Folgende Begriffe werden in diesem Buch häufig verwendet:
Greifhand: Hand, mit der weitergegriffen wird
Haltehand: Hand, die den Ausgangsgriff hält
Zielgriff: Griff, der erreicht werden soll
Tretbein: Bein, mit dem weitergetreten wird
Standbein: Bein, das den Körper trägt
Zieltritt: Tritt, der erreicht werden soll

Klettertechnik ist das Idealbild einer Kletterbewegung. Diese kann als Standard beschrieben werden.
Das Wissen um die Funktion der ausgeführten Bewegungen macht ihren Ablauf verständlich und hilft Knotenpunkte, aber auch Ursachen von Fehlern zu erkennen.
Da Kletterstellen nie identisch sind, kommt es ständig zur Variation der Standards.

Ein integratives Klettertechnikmodell

Es soll nun versucht werden, ein integratives Klettertechnikmodell unter Berücksichtigung der vorgestellten Sichtweisen zu erstellen. Als Grundlage der Betrachtung wird angenommen:

Kletterbewegungen und -positionen können mehrere Funktionen erfüllen.

Bouldern

Grundstellung beim Klettern

Besonders wichtige Klettertechniken werden im Folgenden vorgestellt. Zu den Tabellenspalten, die mit einer Zahl versehen sind, finden sich gleichbezifferte Fotos zur Veranschaulichung. Diese sind mit Richtungspfeilen versehen (Rot: Bewegung, die als nächste ausgeführt wird, Grün: Lage und Wirkung des KSP).

Kletteranfängern wird das Lesen des kurzen Einleitungstextes und der Spalte *Standards* empfohlen. Neugierige und erfahrene Kletterer können durch das Lesen der Spalten *Funktionen* und *Variationen* tiefer in die Thematik einsteigen.

Unbelastet weitertreten

Unbelastetes Weitertreten mit den Beinen ist die wichtigste Voraussetzung, um in der Folge mit den Füßen ruhig und

KSP-Verlagerung

Standards	Funktionen	Variationen
• Frontale Ausgangsstellung (Abb. 1)	• Sicher stehen • Günstige Ausgangsposition zur KSP-Verlagerung einnehmen	• Eingedrehte Ausgangsstellung
• Der KSP wird seitlich verlagert (über die Trittfläche des Standbeines) (Abb. 2 Seite 39)	• KSP optimal verlagern • Günstige Ausgangsposition zum unbelasteten Weitertreten einnehmen	• Der Bewegungsumfang der KSP-Verlagerung kann variieren
• Unbelastetes Weitertreten des Tretbeines, im Knie beugen, Fuß zum Zieltritt führen (Abb. 3 Seite 39)	• Erreichen des Zieltrittes • Unbelastet Weitertreten	• Das Tretbein gestreckt lassen, zum Beispiel bei einer weiten Seitgrätsche • Tretbein gerade, nach innen oder außen gedreht

Klettertechniken

kontrolliert antreten zu können. Unbelastetes Weitertreten wird ermöglicht, indem der zu versetzende Fuß vom Körpergewicht entlastet wird und somit das Bein frei für das Weitertreten ist. Hierfür ergeben sich mehrere Möglichkeiten, von denen die Verlagerung des KSP die wichtigste ist (siehe Tabelle Seite 38).

Reintreten unter den KSP
- Der KSP wird seitlich über die Trittfläche des Standbeines verlagert.
- Das unbelastete Tretbein anheben und mit dem Fuß im Lot unter den KSP treten (Abb. 1 Seite 40).
- Das Standbein wechseln und mit dem neuen Standbein aufstehen.
- Den zu versetzenden Fuß lösen und mit dem Tretbein unbelastet weitertreten, im Knie beugen, Fuß zum Zieltritt führen.

Stützen
- Auf der Seite des Standbeines stützt die seitengleiche Hand, in diesem Fall die rechte, etwa auf Hüfthöhe (Abb. 2 Seite 40).
- Den zu versetzenden Fuß lösen und das Standbein anheben, den Fuß zum Zieltritt führen.

Oben links: Einleiten der KSP-Verlagerung

Oben rechts: Unbelastet weitertreten mit dem Tretbein

Bouldern

Links:
Reintreten unter den KSP

Rechts:
Stützen

	Frontal antreten	
Standards	**Funktionen**	**Variationen**
• Auf den Zielritt schauen	• Punktgenaues Treffen des Zieltrittes	• Der Blick geht schon vor dem Antreten weiter zum nächsten Griff
• Die Fußspitze auf dem Zieltritt platzieren	• Schaffen der Trittfläche zum Antreten	• Die Größe der Trittfläche variiert immer
• Den Zieltritt belasten (Abb. 1 Seite 41)	• Sicher stehen • Sich stabilisieren	• Den Zieltritt durch Drücken oder Ziehen belasten

Klettertechniken

Treten

Die Füße sind die Standpunkte des Körpers und müssen dessen Gewicht tragen sowie die Stütz- und Stemmarbeit der Beine unterstützen. Nach dem unbelasteten Weitertreten mit dem Tretbein wird der dazugehörende Fuß auf den Zieltritt platziert und belastet.

Alternativ kann auch mit dem Fußballen (Abb. 2) oder der Außenkante des Fußes (Abb. 3) angetreten werden. Hierbei dreht man das Knie nach außen bzw. nach innen. Spezialisten verwenden sogar die Ferse oder Zehenoberseite, um instabile Körperpositionen zu stabilisieren. Der Fachausdruck dafür heißt Hook.

Trittwechsel mit Umspringen

- Auf den Zieltritt schauen und den freien Fuß in der Nähe des Standbeines halten (Abb. 4).
- Beugen in Sprung- und Kniegelenk des Standbeines und dosiertes Hochspringen.
- Den zu versetzenden Fuß nach schräg oben wegziehen und sofortiges Platzieren des anderen Fußes (Abb. 5).

Verschiedene ausgewählte Tritt-Techniken

Bouldern

Trittwechsel mit Zwischentritt
Stehen mehr Tritte zur Verfügung, kann der Trittwechsel mit Zwischentritten als Übergang vollzogen werden.

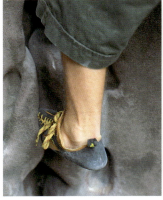

Beim Rissklettern werden die Füße verklemmt.

Greifen

Das Ergreifen und Halten von Griffen bewahrt den Körper vor dem Abkippen nach hinten und unterstützt die Stütz-, Stemm- und Zugarbeit der Arme. Alle beschriebenen Griffarten können in den Zugrichtungen nach unten, nach oben und zur Seite auftreten. Grundsätzlich sollte man oft mit der Hand stützen, die Arme lang lassen und den Daumen als »Gegendruckzange« einsetzen. Insbesondere sollte auf Formschluss geachtet werden, das heißt auf das optimale flächenausfüllende Greifen.

Rechts: Der Daumen ist ein starker Gegenspieler der restlichen Finger.

Rechts: Hand- und Faustriss

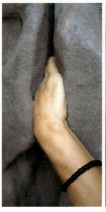 

Klettertechniken

Leisten		
Standards	**Funktionen**	**Variationen**
• Auf den Zielgriff schauen	• Punktgenaues Treffen des Zielgriffes	• Der Blick geht schon vor dem Greifen weiter zum nächsten Griff
• Die Greifhand zum Zielgriff hochheben	• Erreichen des Zielgriffes	• Die Greifhand mit oder ohne Ausholbewegung nach oben oder seitlich heben
• Finger platzieren (Abb. 1)	• Griff-Fläche schaffen	• Die Finger sind entsprechend der Leistenbreite flach, hängend (Abb. 1) oder aufgestellt (nur in Ausnahmen)
• Zielgriff belasten • Vor und zurück »Nachruckeln« (Nach Guido Köstermeyer)	• Sicher greifen • Sich stabilisieren • Optimales Fassen des Griffes	• Zielgriff durch Drücken oder Ziehen belasten • Ohne Nachruckeln

Löcher
Bei Löchern werden die Finger entsprechend der Lochgröße platziert (Abb. 2).

Zange
• Kleinen Finger bis Zeigefinger seitlich platzieren.
• Daumen gegenüber platzieren (Abb. 3).

Oben:
Fingerloch

Unten:
Zange

Links:
Hängende Finger

Bouldern

Ein Reibungsgriff par excellence für die linke Hand

Reibungsgriff
- Die Finger flach auflegen (Abb. 1).
- Den Ellbogen möglichst wandnah halten.

Griffwechsel
- Die Wechselhand über die Haltehand legen (Abb. 2).
- Beugen des Haltearmes und leicht Schwung holen.
- Im »toten Punkt« der Schwungbewegung Haltehand wegziehen und neue Greifhand positionieren.

Eindrehen

Das Eindrehen ist eine Klettertechnik, bei welcher der Körper aus seiner frontalen Stellung zur Wand in eine seitlich angewinkelte Position eingedreht wird. Die Schulter- und Beckenachse stehen dabei etwa senkrecht zur Kletterwand. Die Vorteile des Eindrehens sind eine verlängerte Reichweite und Kraftersparnis. Das Eindrehen kann vor allem Anfänger aus der begrenzten Sichtweise der »frontalen« Bewegungsmöglichkeiten des Körpers führen.

Klettertechniken 45

Eindrehen		
Standards	**Funktionen**	**Variationen**
• Schulter- und Becken- achse parallel zur Wand (Abb. 1 Seite 46)	• Frontale stabile Ausgangs- stellung	• Griff und Trittarten beliebig
• Die rechte Haltehand hält Seit- oder Untergriff auf Kopfhöhe (Abb. 1 Seite 46)	• Eine günstige Ausgangs- position zum Eindrehen schaffen	• Griffhöhe kann variieren
• Der linke Fuß tritt mit dem Außenrist in Fall-Linie der rechten Hand auf Kniehöhe an • Das linke Tretbein mit dem Knie und der linken Hüfte nach innen eindrehen (Abb. 2 Seite 46)	• Einleiten der Eindrehbe- wegung • Unbelastetes Weitertreten mit Eindrehbein	• Zieltritthöhe kann variieren • Bereits jetzt kann schon mit der linken Hand weiter- gegriffen werden
• Den rechten Fuß beliebig rechts der Fall-Linie rechte Hand/linker Fuß positionieren (Abb. 3 Seite 46)	• Sich stabilisieren • Nachtreten	• Kann auch nach dem Körperhub oder während des Körperhubs erfolgen
• Im linken Standbein Streckung in Knie- und Hüft- gelenk • Die linke Haltehand bleibt fixiert	• Körperhub • Sich verschieben	• Die linke Greifhand wird mitgeführt
• Verwringung des Rumpfes • Den Eindreharm lang lassen und mit der linken Haltehand weitergreifen (Abb. 4 Seite 47)	• Sich stabilisieren • Eine günstige Ausgangs- position zum Weitergreifen einnehmen • Weitergreifen	• Eindreharm gebeugt • Bereits früher weiter- greifen

Bouldern

»Klassisches Eindrehen« (Abb. 1–4)

Ägypter

Der Ägypter ist eine sehr stabile eingedrehte Position. Markant ist das Dreieck zwischen der Haltehand und beiden Füßen.

- Die linke Haltehand greift Seit- oder Untergriff auf Brusthöhe, der in der Mitte über der Standfläche liegt.
- Die rechte Hüfte nach innen drehen. Das linke Standbein tritt mit der Innenseite an das rechte Standbein mit der Außenseite (Abb. 5 Seite 47).

Figure of four

Zur Ausschöpfung einer maximalen Reichweite in Überhängen verwenden manche Top-Kletterer die so genannte »Figure of four« (siehe Seite 36).

- Das linke Knie anheben, Tretbein beugen, Tretbein eingedreht über die Außenseite des rechten Haltearmes legen.
- Den Fuß eventuell in die Kniekehle des Standbeines einhaken. Alternativ wird der Fuß beliebig seitlich an die Wand gestellt.

Klettertechniken

Die Kletterposition »Ägypter«

Spreizen und Stützen

Durch das Ausspreizen weit auseinander liegender Tritte mit den Beinen vergrößert sich die Standfläche und der Körperschwerpunkt senkt sich ab. Dadurch wird diese Position sehr stabil und kann sich kraftsparend auswirken. Dies gilt jedoch nicht, wenn eine eingeschränkte Hüft- und Beinbeweglichkeit zu großen Muskelspannungen und somit zu Verkrampfung führt. Zum unbelasteten Weitertreten mit dem linken Tretbein wird mit der linken Haltehand gestützt (analog auch rechts möglich). Das Spreizen und Stützen kommt besonders in Verschneidungen zur Anwendung. Wechselt man diese Technik von rechter zu linker Körperseite ab, dann kann ein flüssiger Bewegungsablauf entstehen, der ohne starke Zugarbeit der Arme auskommt. Nicht selten können die Hände sogar gleichzeitig die Griffe loslassen, was die Entlastung der Arme beweist.

Bouldern

Spreizen und Stützen		
Standards	**Funktionen**	**Variationen**
• Hände und Füße befinden sich jeweils auf gleicher Höhe, beide Knie sind auswärts gedreht	• Eine frontale stabile Ausgangsstellung einnehmen	• Als Variante können beide Knie nach innen oder wechselseitig nach innen und außen gedreht sein • Die Hände und Füße können unterschiedliche Höhe haben
• Der rechte Arm stützt gestreckt mit der rechten Haltehand auf Hüfthöhe (Abb. 1 Seite 49)	• Körperspannung aufbauen • Eine günstige Ausgangsposition zum unbelasteten Weitertreten einnehmen	• Als Variante kann die Stützhöhe auch über oder unter Hüfthöhe liegen. Ideal ist es, zum rechten Stützgriff einen Zuggriff mit der linken Haltehand zu halten. Dieser kann sich auch auf der Wand der rechten Stützhandseite befinden. Es können auch beide Hände gleichzeitig stützen.
• Das rechte Tretbein tritt unbelastet weiter, der rechte Fuß tritt an (Abb. 2 Seite 49)	• Unbelastet weitertreten • Trittfläche schaffen • Tritt belasten	• Der Fuß kann frontal, auf Innen- oder Außenkante platziert werden
• Der Rumpf dreht sich nach links	• Körperspannung aufbauen • Eine günstige Ausgangsposition zum Stützen einnehmen	• Bewegungsumfang kann variieren
• Der linke Arm stützt gestreckt mit der linken Haltehand auf Hüfthöhe (Abb. 3 Seite 49)	• Körperspannung aufbauen • Eine günstige Ausgangsposition zum unbelasteten Weitertreten einnehmen	• Als Variante kann die Stützhöhe auch über oder unter Hüfthöhe liegen. Ideal ist es, zum linken Stützgriff einen Zuggriff mit der rechten Haltehand zu halten. Dieser kann sich auch auf der Wand der linken Stützhandseite befinden. Es können auch beide Hände gleichzeitig stützen.
• Das linke Tretbein tritt unbelastet weiter, der linke Fuß tritt an (Abb. 4 Seite 49)	• Unbelastet weitertreten • Trittfläche schaffen • Tritt belasten	• Der Fuß kann frontal, auf der Innen- oder Außenkante platziert werden
• Der Rumpf dreht sich nach rechts	• Körperspannung aufbauen • Eine günstige Ausgangsposition zum Stützen einnehmen	• Bewegungsumfang kann variieren

Klettertechniken 49

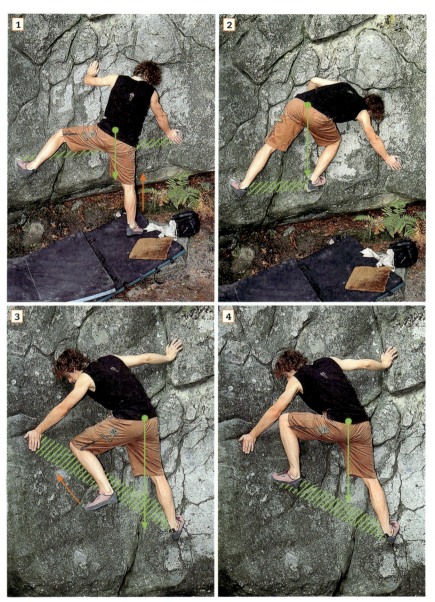

Der Bewegungsablauf des Spreizens und Stützens in einer konkav geformten Wand

Bouldern

Gegendruck-technik an einer Kante

Gegendrucktechnik

Mit der Gegendrucktechnik können Wandstrukturen wie Risse, Hangelleisten und Kanten erklettert werden. Auch bei der Wandkletterei tritt sehr häufig das Gegendruckprinzip auf (zum Beispiel beim Eindrehen). Durch das Entfernen des KSP aus der Fall-Linie zwischen Händen und Füßen entsteht ein verstärkter Zug der Hände an den Griffen und ein verstärkter Druck der Füße auf die Tritte. Diese entgegengerichteten Kräfte bilden einen Gegendruck, dem der Kletterer mit Körperspannung widerstehen muss, um ein unbelastetes Weitertreten und Weitergreifen zu ermöglichen. Die auftretenden Gegendruckkräfte erschweren das längere Verweilen in dieser Position und zwingen deshalb bei Rissen, Kanten oder Hangelleisten zu zügigem Klettern und in glatten Wänden zum zeitweisen Zurückführen des KSP über die Standfläche. Die Gegendrucktechnik in seitlicher Kletterstellung an Rissen, Kanten wird nach dem bekannten italienischen Kletterer Tita Piaz auch »Piazen« genannt.

Klettertechniken 51

Gegendrucktechnik		
Standards	**Funktionen**	**Variationen**
• KSP über der Standfläche	• Stabile Ausgangsstellung einnehmen	• Frontale oder eingedrehte Ausgangsstellung
• Verlagerung des KSP aus der Fall-Linie von Händen und Füßen (Abb. 1 Seite 50)	• Gegendruck aufbauen	• Der Bewegungsumfang der KSP-Verlagerung kann variieren
• Zum Weitergreifen und -treten abwechselnd Spannungswechsel in Armen und Beinen vornehmen (Abb. 2 Seite 50 – Abb. 4 Seite 51)	• Sich verschieben, weitergreifen und weitertreten	• Die Arme zur Kraftersparnis möglichst lang lassen • Die Entfernung der Hände und Füße im mittleren Bewegungsbereich variieren • Die Hände zum Weitergreifen nachsetzen oder übergreifen

Bouldern

Froschtechnik

Die Froschtechnik eignet sich hervorragend für das Klettern an Kanten und Pfeilern, kann aber auch bei frontaler Wandkletterei angewendet werden. Sie ist ideal für das Überwinden großer Trittabstände und das kraftsparende Aufrichten aus tief gebeugten Beinstellungen. Bei großer Hüftbeweglichkeit kann der KSP sehr nah an die Wand gebracht werden, was zur Entlastung der Arme beiträgt.

Froschtechnik

Standards	Funktionen	Variationen
• Frontale Ausgangsposition (Abb. 1)	• Stabile Ausgangsstellung einnehmen	• Die Ausgangsstellung kann auch eingedreht sein
• Der rechte Fuß tritt mit der Innenkante auf Kniehöhe an (Abb. 2 Seite 53)	• Präzise umtreten	• Die Antritthöhe kann variieren
• Belastungswechsel auf rechten Fuß, dann tritt linker Fuß mit Innenkante auf Kniehöhe an • KSP noch über Trittfläche des rechten Fußes	• Eine günstige Körperstellung für das Nachtreten mit linkem Bein einnehmen	• Die Antritthöhe kann variieren
• Den KSP mittig über die Standfläche positionieren (Abb. 3 Seite 53)	• Gleichmäßige Belastungsverteilung auf beide Füße, eine günstige Ausgangsstellung für Körperhub einnehmen	• Eventuell schon jetzt weitergreifen
• Beide Hände greifen zu geeigneten Zuggriffen weiter. (Abb. 4 Seite 53)	• Eine günstige Ausgangsstellung für die Zugunterstützung der Arme einnehmen	• Die Hände können auch erst während des Körperhubs weitergreifen
• Beide Beine strecken mit Zugunterstützung durch die Arme (Abb. 5 Seite 53)	• Beidbeiniger Körperhub • Sich verschieben	

Klettertechniken 53

Froschtechnik an einer Kante

Bouldern

Reibungstechnik

Geschlossene Platten ohne Zuggriffe und ohne Leisten- oder Lochtritte können den Kletterer schon bei geringer Wandneigung vor schwierige Aufgaben stellen. Beim Klettern von Platten ist es wichtig, den Körperschwerpunkt über der Standfläche zu halten. Dadurch gerät der Oberkörper ein Stück vom Fels weg und erzeugt Druck auf die Tritte. Liegt der Oberkörper sehr nah an der Wand, können die Füße wegrutschen.

Reibungstechnik

Standards	Funktionen	Variationen
• Hände und Füße auf jeweils selber Höhe • KSP zentral über der Standfläche • Frontale Ausgangsposition • Die Hände flach auflegen (Abb. 1)	• Eine stabile Ausgangsstellung einnehmen	• Mittlere bis hängende Fersenposition • Die Hände können auch kleinste Griffe nutzen (Abb. 5 Seite 55)
• Die Hände stützen leicht seitlich vor dem Körper auf Hüfthöhe (Abb. 2 Seite 55)	• Eine günstige Ausgangsposition zur KSP-Verlagerung und zum unbelasteten Weitertreten einnehmen	• Die Stützhöhe kann variieren
• KSP-Verlagerung nach rechts • Tretbein anheben, Knie beugen, Fuß zum Zieltritt führen (Abb. 3 Seite 55)	• Den KSP optimal verlagern • Unbelastet weitertreten • Erreichen des Zieltrittes	• KSP-Verlagerung nach links • Die Schrittweite kann variieren
• Zieltritt belasten (Abb. 4 Seite 55)	• Sicher stehen • Sich stabilisieren	• Den Zieltritt durch Ziehen oder Drücken belasten

Klettertechniken 55

Bewegungsablauf beim Reibungsklettern auf flach geneigter Platte (Abb. 1–4)

Reibungstechnik im steilen Gelände (Abb. 5)

Bouldern

»Offene Türe«

»Offene Türe« – beim Loslassen der rechten Hand würde der Körper um die Achse linke Hand/linker Fuß rausdrehen.

Die »Offene Türe« ist eigentlich keine Klettertechnik, sondern ein grundlegendes Bewegungsphänomen beziehungsweise Bewegungsproblem. Beim Weitergreifen droht der Körper seitlich um die Achse linke Hand und linker Fuß, die sich in Fall-Linie befinden, wegzudrehen (von der Wand weg oder zur Wand hin). Analog ist das auch rechts möglich. Dies ähnelt einem aufgeschlagenen Buch oder einer schief hängenden, offenen Türe. Diese Position ist äußerst instabil und erfordert Bewegungslösungen, die das starke seitliche Drehmoment auf die Griff- und Trittflächen minimieren.

»Offene Türe«		
Standards	**Funktionen**	**Variationen**
• Frontale Ausgangsstellung (Abb. 1)		• Eingedrehte Ausgangsstellung • Die Griff-Trittarten können variieren
• Lösung a) Hooken Fuß auf der Greifhandseite hookt (Abb. 2 Seite 57)	• Sicher stehen • Sich stabilisieren • Günstige Ausgangsposition zum Weitergreifen einnehmen	• In beliebiger seitlicher Stellung (Ferse, Zehen)
• Lösung b) Scheren Tretbein der Greifhandseite schert vor dem Körper (Abb. 3 Seite 57)	• Sicher stehen • Sich stabilisieren • Günstige Ausgangsposition zum Weitergreifen einnehmen	• Hinter dem Körper scheren
• Lösung c) Trittwechsel (Abb. 4 Seite 57)	• Sicher stehen • Sich stabilisieren • Günstige Ausgangsposition zum Weitergreifen einnehmen	• Alle Arten von Trittwechsel sind geeignet

Klettertechniken 57

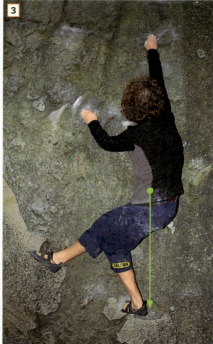

Lösungen für das Bewegungsproblem »Offene Türe«: Hook mit der rechten Fußspitze (Abb. 2), mit dem rechten Bein vor den Körper scheren (Abb. 3), Trittwechsel (Abb. 4)

Dynamisches Klettern

Dynamisches Klettern bezieht schnelle Schwung- und Ausholbewegungen des Rumpfes, der Arme und Beine in die Gesamtbewegung mit ein.
Es dient zur Überbrückung großer Griffabstände, als Alternative zum statischen Klettern mit fixierten (blockierten) Gelenksstellungen und trägt zu einem »fließenden« Kletterstil bei.
Dynamisches Klettern erfordert eine sehr präzise Bewegungskoordination und ist bei Misserfolg nur mit einem

Bouldern

unökonomischen Abfangen der Abwärtsbewegung des Körpers oder gar nicht mehr rückgängig zu machen.

Dynamisches Weitergreifen nach oben – Beispiel Doppeldynamo

▌ Die Bewegung durch Tiefgehen (Abhocken) einleiten.
▌ Explosive Streckung beider Standbeine im Sprung-, Knie- und Hüftgelenk mit Zugunterstützung der Arme, dabei leichte Bogenhaltung des Rumpfes durch Streckbewegung (Welle) der Hüfte zur Wand (Abb. 1).
▌ Lösen der Greifhände zum Weitergreifen und Mitführen der Arme in Richtung Zielgriffe (Abb. 2).
▌ Im Umkehrpunkt (Stillstand) der Bewegung die Greifhände an den Zielgriffen platzieren (Abb. 3 Seite 59).
▌ Die Zielgriffe durch sofortige Muskelanspannung fassen.

Weiter Doppeldynamo (Abb. 1–3)

Klettertechniken 59

Stütz, stemmt dadurch den Körper hoch und lässt die Füße folgen. Der Mantle ist sehr kraftbetont und kann durch einen Fersenhook erleichtert werden.

▌ Beide Hände halten mit langen Armen die Absatzkante, die Füße werden auf Gegendruck platziert (Abb. 1).

Kraftvoll, aber effektiv: der Mantle

Mantle

Ein Mantle ist das Erklettern von griffarmen, kleinen Absätzen und schmalen Stufen. Zunächst hängt der Kletterer mit beiden Händen an der Absatzkante. Er zieht mit den Armen an, um den Oberkörper nach vorn über die Griff-Fläche zu legen. Nun streckt er die Arme bis zum

Bouldern

Der Mantle ist eine sehr kraftbetonte Klettertechnik.

- Plötzliches Anziehen der Arme bis zum toten Punkt.
- Vorbeugen des Oberkörpers über die Hände (Abb. 2).
- Höherstemmen des Körpers durch die Streckung der Arme (Abb. 3).
- Umgreifen der Hände und Aufrichten (Abb. 4).

Klettertechniken 61

Beim Mantle kann auch ein Foothook zur Kraftersparnis eingesetzt werden.

Mantle mit Foothook
Besonders im überhängenden Gelände bietet sich der Mantle mit Foothook an.

Bouldern

Rissklettern

Enge Felsspalten, in denen der Körper nur seitlich oder gar nicht mehr hineinpasst und in denen die Knie nicht mehr angehoben werden können, werden Risse genannt. Mit abnehmender Rissbreite ergeben sich Körper-, Schulter-, Faust-, Hand- und Fingerriss. Beim Klettern werden die genannten Körperteile im Riss platziert und durch Verdrehen verklemmt. Besonders an konisch zulaufenden Felsspalten ergeben sich gute Haltemöglichkeiten.

Körper- und Schulterriss
❚ Eine Körperhälfte im Riss platzieren.
❚ Einen Arm vor der Brust und den anderen Arm auf Hüfthöhe im Stütz platzieren.
❚ Knie und Füße drücken in die Seitenwände.
❚ Zur Fortbewegung den Gegendruck der Beine lockern und mit den Armen den Körper halten. Die Beine wie eine »Raupe« weiterschieben.

Faust-, Hand- und Fingerriss
Nimmt die Rissbreite kontinuierlich ab, werden Faust, Hand oder Finger im Riss platziert und verklemmt.

Stemmtechnik

Große Felsspalten, die breiter sind als der menschliche Körper, werden Kamine genannt. Diese können mit der

Klettertechniken 63

Linke Seite: Beim Klettern im Pfingstweg, Schwierigkeitsgrad VIIIa, Heringstein, Sächsische Schweiz

Die Schlüsselstelle des Serenity Crack, Schwierigkeitsgrad 5.10d, Yosemite, USA

Bouldern

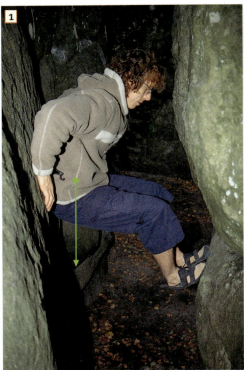 

Parallelstemme: Diese Stemmtechnik beruht auf dem Gegendruckprinzip (Abb. 1).

Die Diagonalstemme erfordert u. a. eine hohe Beweglichkeit im Kniegelenk (Abb. 2).

Stemmtechnik erklettert werden. Dabei wird der Gegendruck zwischen dem Rücken und den Füßen, Händen oder Knien genutzt. Das Durchklettern von Kaminen ist eine athletische Technik, bei der sich eindrucksvolle Tiefblicke zwischen den Beinen ergeben.

Parallelstemme (Abb. 1)
▌ Rücken und Gesäß lehnen an einer Seitenwand.
▌ Beide Füße befinden sich an der gegenüberliegenden Wand.

▌ Beide Arme des Kletterers stützen gebeugt auf der Hüftseite in Höhe der Taille.
▌ Rücken und Gesäß lösen sich von der Wand und Arme und Beine stemmen den Körper in die neue Ausgangsstellung.

Diagonalstemme (Abb. 2)
In Abweichung von der Parallelstemme können auch jeweils eine Hand und ein Fuß diagonal an den Seitenwänden platziert werden.

Klettern lernen

Rastpositionen

Neben den Klettertechniken, die der Fortbewegung dienen, sind auch solche sehr wichtig, die es dem Kletterer erlauben, zu rasten. Mit Einfallsreichtum lassen sich an vielen Kletterstellen Positionen einnehmen, die das Loslassen beider Arme erlauben.

Klettern lernen

Neben der theoretischen Betrachtung der Klettertechniken spielt natürlich die praktische Anwendung die wichtigste Rolle. Dabei sind noch keine Meister vom Himmel gefallen. Vielmehr vollzieht sich das Erlernen der Klettertechniken in mehreren Abschnitten. Der Lernverlauf von Bewegungen geht nach den Sportwissenschaftlern Meinel und Schnabel in drei Phasen vonstatten: 1. Phase der Grobkoordination, 2. Phase der Feinkoordination und 3. Phase der Stabilisierung und variablen Verfügbarkeit. Ein Übender durchläuft diese Entwicklungsstufen der Reihe nach und schreitet mit individuellem Lerntempo voran. Dieses ist abhängig von den motorischen und kognitiven Voraussetzungen des Lernenden.

Anfänger

Nach den ersten oft noch misslingenden Versuchen eine Kletterstelle zu lösen, erreicht der Anfänger das Stadium der Grobkoordination. Unter normalen Bedingungen gelingt es ihm, das Bewegungsgrundmuster einer Klettertechnik an einer idealen Kletterstelle anzuwenden. Die Bewegungs-

Rastpositionen sind häufig ein Schlüssel zum Erfolg.

koordination weist aber noch deutliche Unvollkommenheiten auf, zum Beispiel ständig neues Trittfassen, hektisches zielloses Weitergreifen, unbewegliches Verharren.

Die konditionellen Anforderungen sind in Anfängerrouten durch flach geneigte Wandstellen und große Griffe und Tritte reduziert. Im Vordergrund dieser Lernphase steht das Erspüren der besonderen Problemstellung einer Klettertechnik und das Bewältigen der Kletterstelle. Das Klettern hat entdeckenden Charakter, das heißt, der Kletterer erfährt, welche Möglichkeiten ihm sein Körper zur Fortbewegung bietet.

Besonders auffällig sind der hohe Anspannungsgrad der Muskulatur, was zu einem verkrampften Kletterstil führt, und die starke Konzentration auf das Greifen, Halten und Ziehen.

Fortgeschrittener

In der zweiten Lernphase ist das Können so weit fortgeschritten, dass die erforderliche Klettertechnik nahezu fehlerfrei und mehrmals nacheinander wiederholt werden kann. Die Kletterbewegungen sind harmonischer und weitaus ökonomischer als in der ersten Lernphase und ein fließender Kletterstil zeichnet sich ab. Lernfortschritte sind nicht mehr ganz so deutlich zu erkennen wie in der ersten Phase, der Kletterer lernt »heimlich« und es kann auch kurzzeitig zur Stagnation kommen.

Durch die Veränderung der Wandneigung, Griff- und Trittgröße bzw. -abfolge erschweren sich die Klettereien soweit, dass die bereits beherrschte Grundbewegung wieder misslingt.

Die Klettertechnik kann in schwereren Routen auch bereits in Varianten des Bewegungsgrundmusters erforderlich sein.

Könner

In der dritten Lernphase stabilisiert der Kletterer sein Können, so dass er auch unter schwierigsten Umständen die Anforderungen erfüllen kann wie beim Klettern unter Stress durch weite Hakenabstände. Die entscheidenden Bewegungsabläufe sind jedoch so weit automatisiert, dass eine spezielle Aufmerksamkeit nur noch an den »Schlüsselstellen« des gesamten Bewegungsablaufes erforderlich ist.

Der Kletterer ist fähig, die passende Klettertechnik auf vor ihm liegende Kletterstellen zu antizipieren. Auch unter hohen konditionellen Belastungen zeigt er eine sehr gute Bewegungsgenauigkeit.

Der Könner klettert unter einem optimalen Wechsel von Anspannung und Entspannung der Muskulatur und ist durch den intuitiven Einsatz der passenden Klettertechnik frei für taktische Maßnahmen wie zum Beispiel Tempoveränderung oder Zurückklettern.

Bewegungstaktik

Unter Bewegungstaktik sind alle Maßnahmen vor und während einer Kletterei zu verstehen, die den Kletterer auf alle erdenklichen Bewegungsprobleme optimal vorbereiten. Auch unerwartet auftretende Schwierigkeiten können durch Tricks gemeistert werden.

Bewegungstaktische Maßnahmen vor einer Kletterei sind das Festlegen und Einprägen des Begehungsplans:
▮ Bewegungen vorplanen
▮ Alternativen überlegen
▮ Route in Abschnitte einteilen

▮ Klettertechniken in Gedanken »durchspielen«

Bewegungstaktische Maßnahmen während einer Kletterei sind das Umsetzen und Korrigieren des Begehungsplans:
▮ Korrekturen vornehmen
▮ Ruhepositionen nutzen (Arme ausschütteln/no-hand-rest)
▮ Bewegungen für den nächsten Routenabschnitt planen
▮ Zum letzten no-hand-rest zurückklettern

Bewegungsvorplanung bedeutet, die Abfolge der besten Griff- und Trittkombinationen geistig vorzuplanen.

Links: Zwei Wettkampfkletterinnen beim Routenstudium

SPORTKLETTERN

Für das Sportklettern – also das sportliche Freiklettern über der Absprunghöhe – ist die Sicherung mit Seil, Gurt und Karabinern eine zwingende Notwendigkeit. Theorie und Praxis des Sicherns stellen somit für alle Kletterer eine Schlüsselfunktion dar. Kletterrouten sind beim Sportklettern meistens nur eine halbe bis eine Seillänge lang, doch die Schwierigkeiten können so hoch sein, dass die geistige und körperliche Bewältigung der Route ähnliche Dimensionen annimmt wie das Durchklettern einer mehrere hundert Meter hohen Wand.

Ausrüstung

Beim Sportklettern sollten Sie unbedingt nur fachgerechte Bergsportausrüstung verwenden. Diese muss die Euro-Normen (EN) des Europäischen Komitees für Normengebung (CEN) erfüllen und darf nur so gekennzeichnet in den Geschäften verkauft werden.
Auf Karabinern findet sich zum Beispiel das CE-Zeichen mit einer Nummer auf einer Schenkelseite, die darüber informiert, welche Norm erfüllt wird und welche Prüfstelle für die Vergabe des Zeichens zuständig war. Ist auf einem Ausrüstungsgegenstand zusätzlich das UIAA-Zeichen zu sehen, genügt es noch höheren Anforderungen.

Anseilgurte

Anseilgurte sind das Bindeglied zwischen Kletterer und Seil und dienen zur Selbst- und Kameradensicherung sowie zum Auffangen des Kletterers beim Sturz. Achten Sie beim Kauf auf die Kennzeichnung mit der EN-Norm 12277.

Hüftgurt

Der Hüftgurt besteht aus einem Hüftgürtel und zwei Beinschlaufen, welche bei Belastung die auftretenden Kräfte auf die Oberschenkel verteilen. Der Hüftgurt eignet sich für Anfänger zum Klettern im Toprope oder Nachstieg, für Fortgeschrittene und Könner zum Klettern im Vorstieg, aber auch zur Selbst- und Kameradensicherung sowie zum Abseilen. Wenn Sie nur einen Hüftgurt verwenden, besteht bei unkontrollierten Stürzen eine hohe Verletzungsgefahr. Da sich Anseilpunkt und Körperschwerpunkt in etwa auf gleicher Höhe befinden, kann der Oberkörper nach hinten abkippen. Seitliche Materialtransportschlaufen, eine Aufhängung für den Magnesiumbeutel an der Hinterseite und eine anatomische Polsterung sind übliche Standards.

Einkaufstipp:

● Die Innenseiten der Beinschlaufen sollten aus schweißableitendem Gewebe (z. B. Microdry) sein, um in diesem Bereich das Durchschwitzen der Kletterhose zu vermeiden.

Ausrüstung 69

Variable Verschlussschnallen (Rückschlauf- oder Steckschnalle) am Hüftgürtel und vor allem verstellbare Beinschlaufen (nicht bei allen Modellen) können einer unterschiedlich dicken Beinbekleidung angepasst werden.

Brustgurt

Der Brustgurt wird immer in Kombination mit einem Hüftgurt getragen. Er soll beim Sturz oder Hängen im Seil das Abkippen des Oberkörpers nach hinten verhindern und den Rumpf in einer aufrechten Lage halten.

Einkaufstipp:
- Anseilgurte sollten exakt an die Körpermaße angepasst werden, so dass noch ein Fingerbreit Platz zwischen Körper und Gurt ist.

Seile

Seile sind die Nabelschnur des Kletterers! Sie haben die Funktion, den Kletterer beim Ablassen, Abseilen oder am Ende eines Sturzes zu halten und vor dem Aufschlagen auf den Boden zu bewahren. Die Hauptaufgabe ist das »weiche« und körperverträgliche Absorbieren der auftretenden Sturzenergie. Dies geschieht durch Dehnung, welche die Tausende von verflochtenen Polyamidfäden eines Seiles bis zu 25 Prozent verlängern kann. Darüber hinaus müssen Seile reißfest, leicht knotbar und weitgehend krangelfrei sein. Beim Sportklettern werden so genannte Einfachseile verwendet. Diese sind auf der Banderole am Seilende mit dem Symbol ① gekennzeichnet. Der Durchmesser von Einfachseilen reicht von 9,4 bis 11,5 mm, sie dürfen im einfachen Strang benutzt werden. In künstlichen Kletteranlagen reichen wegen der niedrigen Wandhöhen meistens 40 Meter Einfachseil aus. Im Klettergarten ist überwiegend eine Seillänge von 50 bis 60 Metern nötig. Zum Transport und Schutz des Seiles vor Schmutz empfiehlt sich die Benutzung eines Seilsacks.
Die Gebrauchsdauer eines Seiles hängt davon ab, ob der Mantel intakt und der

Der Hüftgurt ist nur bei kontrollierten Stürzen zu empfehlen.

Der Brustgurt ist die zwingende Ergänzung des Hüftgurts, wenn mit unkontrollierten Stürzen zu rechnen ist. Er darf nie allein verwendet werden.

Sportklettern

Ein Seilsack sollte vor allem im Freien benützt werden.

Seilkern unbeschädigt ist. Hat es zahlreiche sehr weite, harte Stürze auffangen müssen oder weist es gefährliche Mängel auf (zum Beispiel durch Kontakt mit ätzenden Stoffen), muss es ausgesondert werden.

Sicherheitsexperten sagen, dass ein modernes Bergseil beim Klettern – und sei es noch so oft benutzt worden – nicht reißen kann, außer bei einer Belastung über einer scharfen Felskante mit kleinem Durchmesser. Fest steht, dass mit jedem Gebrauch die gewünschten Qualitätsmerkmale nachlassen. So entscheidet jeder Kletterer selbst, wann er das Seil austauscht. Bei wöchentlichem Gebrauch wird das nach ein bis zwei Jahren der Fall sein. Achten Sie bei den Seilen auf die Kennzeichnung mit der EN-Norm 892.

Einkaufstipp:
- Wer nur indoor klettert, kann auf eine Nässeschutz-Imprägnierung verzichten.

Verschlusskarabiner mit Schraubverschluss

Karabiner

Karabiner gibt es in den unterschiedlichsten Ausführungen für viele Zwecke. Für die so genannte Halbmastwurf-Sicherung dürfen nur birnenförmige Verschlusskarabiner mit Schraubverschluss verwendet werden (HMS-Karabiner). Zur Selbstsicherung genügt ein Verschlusskarabiner in D-Form, dabei spielt das Verschlusssystem keine Rolle.

Einkaufstipp:
- Farbig eloxierte Karabiner haben keine höhere Festigkeit oder sonstigen Vorteile.

Normalkarabiner in D-Form werden für die Seilführung und Aufhängung in Haken verwendet. Karabiner mit gebogenem Schnapper sollen das Einhängen des Seiles erleichtern. Meistens hängen Normalkarabiner an den zwei Enden einer Express-Schlinge, das ist eine an beiden Enden schlaufenförmig vernähte Schlinge, die in die Zwischensicherungen eingehängt wird.
Es ist wichtig, dass Karabiner in Längsrichtung eine Belastbarkeit von mindestens 2000 Kilopond (kp), in Querrichtung und bei geöffnetem Schnapper von 700 Kilopond aufweisen. Wegen möglicher Schnapper-Offen-Belastungen – falls zum Beispiel der Karabiner am Felsen an-

Ausrüstung 71

Verschluss-karabiner mit Plastikverschluss als Erinnerungsstütze zum Verschließen.

prallt und sich dadurch der Schnappverschluss leicht öffnet – empfiehlt es sich, Karabiner mit einer Schnapper-Offen-Belastbarkeit von mindestens 1000 Kilopond zu verwenden. Drahtbügel-Schnapper haben eine höhere Massenträgheit und öffnen sich deswegen bei Felsanprall weniger leicht. Achten Sie auf die Kennzeichnung mit der EN-Norm 12275.

Sicherungsgeräte

Während in der ersten Hälfte des letzten Jahrhunderts noch mit der Schultersicherung versucht wurde, Stürze zu halten, gibt es heute eine Reihe komfortabler und funktionstüchtiger Geräte zur Kameradensicherung.
Bei der Auswahl des Sicherungsgerätes müssen grundsätzliche Überlegungen angestellt werden:

❙ Das Sicherungsgerät muss »gut in den Händen liegen«.
❙ Man sollte das Sicherungsgerät nicht nur bedienen können, sondern auch seine Funktionsweise verstehen.
❙ Manche Geräte haben Nachteile für Rechts- oder Linkshänder.

Die am häufigsten verwendeten Sicherungsgeräte beim Sportklettern sind:

HMS-Karabiner mit Schraubverschluss

Man verwendet ihn für die Sicherung mit Halbmastwurfknoten für Vorstieg, Nachstieg und Toprope. Die Birnenform gestattet dem Knoten ein unbehindertes »Spiel« und »Umschlagen« beim Wechsel von Seilausgeben zu Seileinholen. Das Bremsseil muss immer in einer Hand gehalten werden.

Fixierter Achter

Ein an einen Verschlusskarabiner mit Tape, Gummi oder Plastikeinsatz fixierter Abseilachter. Man verwendet den fixierten Achter für Vorstieg und Toprope, nicht für Nachstieg. Das Bremsseil muss immer in einer Hand gehalten werden.

Links: Express-Schlingen gibt es in unterschiedlichen Ausführungen.

Sportklettern

Helme müssen eine CE-Kennzeichnung aufweisen.

Halbautomatische Sicherungsgeräte

Das sind Sicherungsgeräte, die unter Belastung des Sicherungsseils selbsttätig das Bremsseil abklemmen. Das Bremsseil kann bei richtiger Handhabung losgelassen werden. Man verwendet es für Vorstieg, Nachstieg und Toprope. Unabhängig davon, welches Sicherungsgerät zum Einsatz kommt, ein Muss bleibt die intensive Auseinandersetzung mit den Vor- und Nachteilen des bevorzugten Gerätes. Lesen Sie deshalb unbedingt die Bedienungsanleitung! Häufig kletternde Sportler führen meistens mehrere Sicherungsgeräte mit sich, um für jede Situation optimal gewappnet zu sein.

Ein »narrensicheres« Sicherungsgerät gibt es derzeit nicht. HMS (1), GriGri (2) und fixierter Achter (3)

Einkaufstipp:
- Überlegen Sie sich vor dem Kauf, welchen Kletterstil (Vorstieg oder Toprope) Sie am meisten praktizieren und mit welchem Kletterpartner Sie vorrangig unterwegs sind!

Kletterhelm

Ein Helm schützt den Kletterer vor herabfallenden Steinen sowie bei einem Anprall an der Wand. Entscheidend ist

Einkaufstipp:
- Beim Kauf eines Helms sollte nicht der Preis, sondern die perfekte Passform ausschlaggebend für die Anschaffung sein.

der richtige Sitz des Helms. Er sollte weder seitlich, noch nach vorn und hinten Spielraum haben und eine Belüftung und verstellbare Trageriemen aufweisen. Achten Sie beim Kauf auf die Kennzeichnung mit der EN-Norm 12492.

Klemmkeile und Klemmgeräte

Klemmkeile, auch »Stopper«, »Rocks«, »Nuts« oder »Hexentrics« genannt, sind mobile Zwischensicherungen, die nach Gebrauch entfernt werden können, ohne Spuren am Felsen zu hinterlassen. Sie werden überwiegend in sich konisch

Ausrüstung

verengenden Rissen platziert und können sehr große Haltewerte erreichen. Unter den Klemmgeräten nehmen die nach dem Prinzip der so genannten »Friends« funktionierenden Rissklemmen die wichtigste Stellung ein. Ihre verstellbaren Klemmsegmente können stufenweise auch parallel verlaufenden Risswänden angepasst werden. Beim Legen von Klemmkeilen und Rissklemmen ist darauf zu achten, dass sie möglichst flächig auf den Seitenwänden des Risses aufliegen, das umliegende Gestein massiv und unbeschädigt ist und die voraussichtliche Belastungsrichtung berücksichtigt wird. Das Verlängern des Klemmkeils oder Klemmgerätes mit einer Express-Schlinge empfiehlt sich gegen das »Heraushebeln« durch Seilzug. Die richtige Platzierung und Einschätzung der Haltekräfte kann nur unter fachkundiger Anleitung gelernt werden. Achten Sie beim Kauf von Klemmkeilen auf die Kennzeichnung mit der EN-Norm 12270 und bei Klemmgeräten auf die Kennzeichnung mit der EN-Norm 12276.

Klemmkeile gibt es in unterschiedlichen Größen mit Drahtkabeln.

Rissklemmen müssen regelmäßig vom Schmutz gereinigt werden.

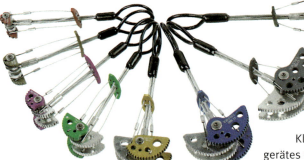

Einkaufstipps:
- Klemmkeile sind im Set günstiger zu erhalten als einzeln erworbene.
- Klemmgeräte mit Drahtkabel sind solchen mit fixer Stange vorzuziehen, da sie weniger leicht durch Seilzug aus dem Riss gehebelt werden.

74 Sportklettern

Das Legen eines Klemmkeils bedeutet immer eine Unterbrechung des Kletterflusses und einen zusätzlichen Krafteinsatz.

Toprope-Klettern

Bandschlingen und Reepschnüre

Bandschlingen sind in unterschiedlichen Breiten, Reepschnüre mit unterschiedlichen Durchmessern erhältlich. Sie dienen als Zwischensicherungen und werden zum Beispiel durch solide Sanduhren gefädelt oder um starke Bäume gelegt. Man kann sie auch zum Bau eines Standplatzes oder einer Toprope-Umlenkung verwenden. Die gebräuchlichsten Längen sind die Schulterschlinge (Nutzlänge 60 cm, Gesamtlänge 120 cm) und die Standschlinge (Nutzlänge 120 cm, Gesamtlänge 240 cm). Sie werden einfach oder doppelt über die Schulter gelegt oder am Gurt transportiert. Achten Sie auf die Kennzeichnung mit der EN-Norm 565 und der EN-Norm 564.

Einkaufstipps:

- Achten Sie auf die Anzahl der mittig und längslaufenden, eingewebten Kennfäden! Ein Faden steht für 500 kp Reißfestigkeit.
- Vernähte Schlingen sind teurer als Band von der Rolle.

Toprope-Klettern

Die sicherste und bequemste Art Routen über Absprunghöhe zu begehen, ist das Klettern im so genannten Toprope. Das Seil kommt von einer Umlenkung von oben zum Kletterer, so dass keine weiten Stürze passieren können. Durch diesen Sicherheitsvorteil eignet sich das Toprope-Klettern für Anfänger aller Altersstufen. Aber auch Fortgeschrittene verwenden es zum Klettern an oder über der Leistungsgrenze und Könner zum stressfreien Routentraining oder zum Ausbouldern einer Route.

Kletterethisch wird das Toprope-Klettern als sportlich wenig wertvoller Begehungsstil betrachtet, da die ursprünglich beim Klettern immer vorhandene psychische Auseinandersetzung mit der Gefahr des Stürzens wegfällt.

Ablauf

Ein Toprope ist ein Seil, das in eine Umlenkung am Ende einer Route so eingehängt ist, dass beide Seilenden mindestens bis zum Boden reichen. In ein Ende seilt sich der Kletterer entweder direkt mit dem Seil an oder er hängt einen Schraubkarabiner als Verbindungsglied zwischen Knoten und Gurt, was ein schnelles Ein- und Aushängen erlaubt. Am anderen Ende hängt der Sichernde das Seil in die Kameradensicherung ein, die sich entweder am Körper oder am so genannten Zentralpunkt eines Standplatzes befindet.

Sobald der Kletterer nach oben klettert, entsteht vor seinem Anseilpunkt loses Schlappseil, das durch das Eigengewicht ungespannt herabhängt. Dieses muss der Sichernde sofort einziehen, so dass das Seil zwischen beiden wieder gespannt ist. Die Kunst des

Sportklettern

Sicherns ist, weder den Kletterer durch zuviel Seilzug zu behindern oder ihm dadurch einen Vorteil zu verschaffen, noch ihn durch zu viel Schlappseil einer unnötigen Gefahr auszusetzen. Ist der Kletterer am Ende der Route angelangt, gibt er dem Sichernden zu verstehen, dass dieser ihn nach unten ablassen soll. Dies wiederum geschieht, indem der Sichernde das Seil hinter der Kameradensicherung (Bremsseil) zunächst maximal einholt und in beiden Händen blockiert hält. Jetzt kann der Kletterer die Griffe loslassen und

Komforttipps:

● Nahe der Umlenkung und außerhalb deren Fall-Linie kann man das Sicherungsseil zusätzlich in eine Express-Schlinge einhängen, zum Beispiel in den letzten Haken der Nachbarroute. Der Kletterer wird dann nicht durch das »umherschlackernde« Sicherungsseil behindert.

● In überhängenden oder schräg verlaufenden Routen werden im Seil auf der Kletttererseite Zwischensicherungen eingehängt, um bei einem Sturz das Wegpendeln von der Wand zu vermeiden.

»sich ins Seil setzen«. Sobald der Kletterer im Seil hängt, zieht sein Körpergewicht mittels Sicherungsseil an der Kameradensicherung. Der Sichernde kann diesem Zug durch kontrolliertes Eingeben des Bremsseiles in das Sicherungsgerät nachgeben und den Kletterer ablassen. Der Ablassvorgang ist erst dann beendet, wenn der Kletterer am Einstieg wieder festen Boden unter den Füßen hat.

Beim Aufbauen, Einhängen und Bedienen eines Topropes müssen wichtige Regeln beachtet werden:

▌ Die Toprope-Umlenkung muss absolut ausbruchsicher sein. Geeignet sind zum Beispiel ein extra eingerichteter Umlenker wie Ablassring oder Umlenkkette sowie ein solider und mindestens oberschenkeldicker Baum mit Bandschlinge und Verschlusskarabiner.

▌ Das Seil muss immer in einem Metallring oder in einem Verschlusskarabiner umgelenkt werden. Bei der Umlenkung in einer Stoffschlinge besteht Reißgefahr durch Schmelzverbrennung.

▌ Es darf sich immer nur ein Seil in der Umlenkung befinden. Bei zwei übereinander laufenden Seilen besteht Reißgefahr durch Schmelzverbrennung.

▌ Bei Topropes, die nicht bis zum Boden reichen, muss das lose Seilende auf der Seite des Sichernden mit einem Knoten fixiert werden. Sonst besteht die Gefahr, dass es beim Ablassen durch das Sicherungsgerät rutscht.

▌ Der Sichernde muss so nahe an der Wand stehen, dass sein Sicherungsseil von der Körpersicherung in einem minimalen Winkel von 60 Grad zur ersten Zwischensicherung läuft. Wird der Winkel unterschritten, kann der Sichernde bei einem Sturz des Kletterers stark zur Wand gezogen werden.

▌ Der Kletterer darf maximal 150 Prozent des Körpergewichts des Sichern-

Toprope-Klettern 77

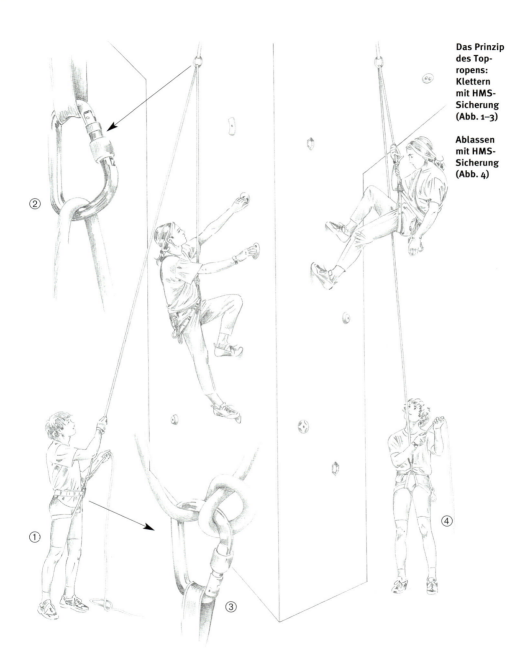

Das Prinzip des Topropens: Klettern mit HMS-Sicherung (Abb. 1–3)

Ablassen mit HMS-Sicherung (Abb. 4)

Sportklettern

den haben. Wird dieser Wert überschritten, muss sich der Sichernde an einem von der Route entfernten Punkt selbst sichern (zum Beispiel an einem Baum), um beim Ablassen nicht hochgezogen zu werden.

Anseilen

Das Anziehen der Gurte erfolgt wie das Anziehen einer Hose.

Vor dem Klettern müssen sich Kletterer und Sichernder zunächst Anseilen. Dies ist das Anlegen der Anseilgurte und die Verbindung des Kletterseiles mit dem Anseilgurt.
Ob generell mit oder ohne Brustgurt angeseilt werden soll, kann nicht pauschal festgelegt werden. Eine Entscheidung muss sich stets an den individuellen Bedingungen orientieren.
Der Kletterer sollte jedenfalls immer dann zusätzlich zum Hüftgurt einen Brustgurt tragen, wenn die Möglichkeit unkontrollierter Stürze sehr hoch ist. Dies kann unter anderem bei folgenden Situationen eintreten:

- Große Sturzstrecke (mehr als 5 Meter)
- Klettern mit Rucksack
- Steinschlaggefahr (auch Uhren und Karabiner können herunterfallen)
- Sturz im Quergang
- Keine Sturzerfahrung

Neben diesen Gründen sprechen auch biologische Aspekte für das Tragen eines Brustgurtes, vor allem bei Kindern und Jugendlichen:

- Wenn der Hüftgurt wegen einer schmalen Taille über die Hüftknochen abwärts rutschen kann.
- Bei allgemein schwacher muskulärer Verfassung

Die alleinige Verwendung eines Hüftgurtes ist nur in folgenden Situationen vertretbar:

- Zur Körpersicherung
- Zum Abseilen (ohne Rucksack)
- Zum Toprope-Klettern
- Zum Vorsteigen in optimal gesicherten Sportkletterrouten (Sturzerfahrung vorausgesetzt)

Hüftgurt und Brustgurt

Die sicherste Anseilmethode verbindet Hüft- und Brustgurt mit Hilfe eines Schlauchbandes zu einer Einheit.

Toprope-Klettern

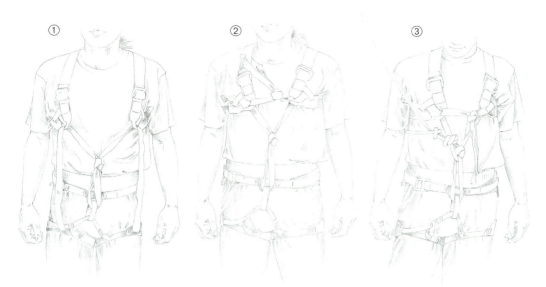

Nur Hüftgurt

Beim Sportklettern hat sich das Anseilen nur mit Hüftgurt etabliert. Dem spürbar höheren Komfort (zum Beispiel mehr Bewegungsfreiheit) steht jedoch bei ungünstigem Sturzverlauf die Gefahr des Kopf-Über-Hängens mit möglichen Verletzungsfolgen gegenüber.

Einbinden

Achterknoten

Der Achterknoten ist ein universeller Knoten, der für Anfänger, Fortgeschrittene und Könner geeignet ist. Mit ihm können das Kletterseil und der Anseilgurt

Oben:
Die Verbindung von Hüftgurt und Brustgurt mit einem Schlauchband mit mindestens drei Kennfäden. Anseilen durch Achterknoten (Abb. 1–3)

Links:
Anseilen mit Hüftgurt und Achterknoten (Abb. 4–5)

direkt oder mittels dazwischen hängendem Verschlusskarabiner als Verbindungsglied verbunden werden. (Nicht beim Vorstieg!)

Vorteile:
+ Nach Belastung relativ leicht zu öffnen
+ Große Festigkeit

Nachteile:
– Größe
– Kompliziertheit

Vorteile:
+ Nach Belastung sehr leicht zu lösen

Nachteile:
– Kompliziert zu legen

Achter gelegt (Abb. 1–3)

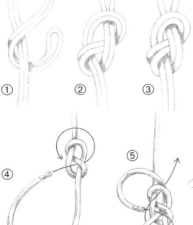

Achter gesteckt (Abb. 4–5)

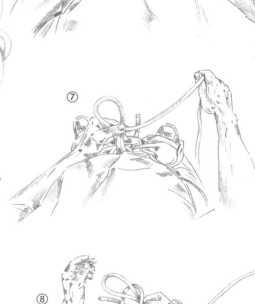

Doppelter Bulin

Der doppelte Bulin ist ein unter Sportkletterern sehr weit verbreiteter Knoten. Aufgrund seiner Kompliziertheit ist er nur Fortgeschrittenen und Könnern anzuraten.

Toprope-Klettern 81

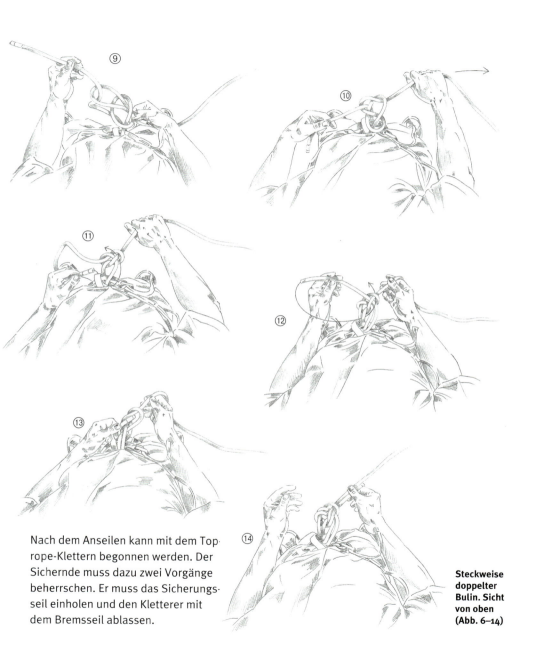

Nach dem Anseilen kann mit dem Toprope-Klettern begonnen werden. Der Sichernde muss dazu zwei Vorgänge beherrschen. Er muss das Sicherungsseil einholen und den Kletterer mit dem Bremsseil ablassen.

Steckweise doppelter Bulin. Sicht von oben (Abb. 6–14)

Sportklettern

Einholen und Ablassen mit HMS

Anfänger sollten zuerst die Toprope-Sicherung mit der HMS-Methode erlernen, da dies die universellste Sicherungsmethode ist.

Vorteile:
+ Hohe Bremskraft
+ Für alle weiteren Sicherungssituationen verwendbar (Vorstieg, Nachstieg)
+ Geringer Materialaufwand

Nachteile:
– Seil neigt zu Krangelbildung
– Schnelles Seilausgeben durch erhöhte Seilreibung erschwert
– Seilabnutzung beim Ablassen

Legeweise HMS (Abb. 1–4)

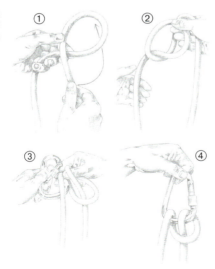

Einholen und Ablassen mit fixiertem Achter

Fortgeschrittene und Profis können im Toprope mit fixiertem Achter sichern. Dabei ist auf die geringere Bremskraft gegenüber der HMS-Sicherung zu achten.

Vorteile:
+ Schnelles Seilausgeben und Seileinholen
+ Seilschonung

Nachteile:
– Geringe Bremskraft

Toprope-Klettern

Obere Reihe: Einholen (Abb. 5–9) und Ablassen (Abb. 10) mit HMS

Untere Reihe: Einholen (Abb. 11–14) und Ablassen (Abb. 15) mit fixiertem Achter

Sportklettern

Einlegen des Seiles in den Abseilachter (Abb. 1–3)

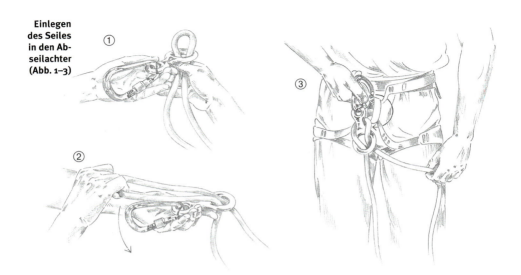

Fixierter Achter mit Plastikeinsatz oder Fahrradschlauch

Einholen mit halbautomatischen Sicherungsgeräten

Halbautomatische Sicherungsgeräte sind vor allem dann empfehlenswert, wenn der Kletterer oft im Seil hängt, zum Beispiel beim Ausbouldern einer Route.

Vorteil:
+ Teilweise hoher Bedienungskomfort, da das Bremsseil bei richtiger Handhabung nicht mehr zwingend mit der Bremshand gehalten werden muss.

Nachteile:
− Trügerische Sicherheit wegen versteckten Fehlerquellen.
− Bedienungskomfort ist teilweise mangelhaft und von zahlreichen Faktoren abhängig, zum Beispiel vom Seildurchmesser.
− Der Umstieg von einem halbautomatischen Sicherungsgerät auf die HMS- oder Achtermethode ist ungünstig, da grundlegende Sicherungsfähigkeiten (zum Beispiel Bremsseil nie loslassen) neu erlernt werden müssen.

Vorstieg 85

Einholen des Seiles mit GriGri (Abb. 1)

Das Prinzip des Vorsteigens (Abb. 2)

Vorstieg

Die Krönung des Sportkletterns ist zweifelsfrei der Durchstieg einer Route im Vorstieg. Durch die hohen Anforderungen im Bereich der Sicherungstechnik und die ständige Sturzgefahr ergibt sich bei erfolgreichem Routendurchstieg ein hoher Erlebniswert.

Die Gefährdung des Kletterers, der sich mit Seilsicherung mehrere Meter über der letzten Zwischensicherung bewegt, ist jedoch nicht zu übersehen. Die möglichen Folgen eines Sturzes vor Augen können sowohl dem Kletterer als auch dem Sichernden den Schweiß aus den Poren treiben und sie dazu zwingen, ihre Aufmerksamkeit auf die wichtigsten Handgriffe zu konzentrieren.

Ablauf

Beim Vorsteigen startet der Kletterer vom Boden aus, ohne dass das Seil vorher in eine Umlenkung über ihm eingehängt worden ist.

Der Kletterer muss beim Hinaufklettern sämtliche Zwischensicherungen und in diese das Seil einhängen. Stürzt ein Kletterer zwischen zwei Sicherungspunkten, dann »fliegt« er solange, bis sich das Sicherungsseil zum Sichernden spannt und dieser den Sturz abbremst. Am Ende der Route angelangt, hängt der Kletterer das Seil in eine Umlenkung oder er muss es erst durch diese fädeln. Dann kann der Sichernde ihn wieder zum Boden ablassen. Manchmal findet man in Klettergärten auch Mehrseillängenrouten vor. Dann muss der Vorsteiger in der Wand

Sportklettern

Korrekt eingehängte Zwischensicherung. Das Kletterseil läuft nach vorn aus dem Seilkarabiner (Abb. 1).

Neben diesen zwei Clipptechniken gibt es noch zahlreiche andere (Abb. 2–3).

»Stand machen«. Vor dem Weiterklettern wird erst die Seilzweite nachgeholt. In einer Art »Raupenverfahren« klettert die Seilschaft von Standplatz zu Standplatz und erreicht den Ausstieg. Von dort gelangt sie rückseitig zu Fuß oder häufig nur durch Abseilen über die Route zurück zum Wandfuß.

Als sicherungstechnische Grundlagen des Vorsteigens gelten »Seil einhängen«, »Seilführung am Körper« und »Sichern mit HMS, fixiertem Achter oder GriGri«.

Seil einhängen (»Clippen«)

Gelangt ein Kletterer im Vorstieg an eine Zwischensicherung, muss er zunächst eine Express-Schlinge von der Materialschlaufe seines Hüftgurtes ausklinken. Diese hängt er in die Zwischensicherung ein, zum Beispiel ein Bohrhaken oder eine durch eine Sand-

Komforttipps:
- Zum Einhängen des Seils stabil stehen.
- Möglichst großen Einhängegriff halten.
- Am Einhängegriff möglichst mit gestrecktem Arm festhalten (Kraftersparnis).

uhr gefädelte Schlinge. Dann muss er das Seil in den Seilkarabiner einhängen, so dass es nach vorn zum Kletterer herausläuft.

Hierfür ergeben sich unterschiedliche Möglichkeiten, die von der gerade freien Einhängehand und der Position des Seil-

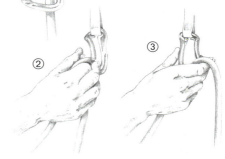

karabiners abhängig sind. Generell sollten Zwischensicherungen so früh wie möglich eingehängt werden, um die Sturzhöhe beim eventuellen Fallen so gering wie möglich zu halten. Manchmal kann es jedoch besser sein, den Haken ein wenig zu überklettern (maximal bis auf Hüfthöhe), um dann aus einer entspannten Position ruhig und sicher das Seil einzuhängen.

Seilführung

Der richtigen Seilführung durch den Vorsteiger kommt vor allem eine präventive Bedeutung zu. Im Sturzfall sollte ein

Komforttipp:
- Express-Schlingen dienen zur Vermeidung eines Zick-Zack-Seilverlaufs. Der begradigte Seilverlauf hebt die Seilreibung weitgehend auf und erleichtert das Nachziehen des Seiles.

Vorstieg

Kletterer das Seil immer »vor« sich haben, so dass er ungehindert an diesem »vorbeifliegen« kann. Fädelt er mit einem Bein ein, könnte dies zum Überschlag führen.

Ausgeben des Seiles mit HMS

Das Vorstiegssichern unterscheidet sich grundlegend von dem des Topropesicherns. Generell muss das Seil vom Sichernden zum Kletterer immer ausgegeben werden. Steigt der Kletterer nach dem Clippen über die Zwischensicherung weiter, muss jedoch oft wieder etwas Schlappseil eingeholt werden. So ergibt sich ein ständiger Wechsel zwischen Seileinholen und -ausgeben. Die dazu nötigen Handbewegungen können sehr gut durch angepasstes Vor- und Zurückschreiten (1–3 Schritte) unterstützt werden.

Ausgeben des Seiles mit fixiertem Achter

Das Vorstiegssichern mit fixiertem Achter ist etwas einfacher, da das »Umschlagen« des HMS wie bei der HMS-Sicherung wegfällt. Besonders das Seilein- und Seilausholen wird dadurch schneller.

Richtige Seilführung am Körper (Abb. 1–2)

Ein begradigter Seilverlauf gestattet das optimale Wirken der Sicherungskette (Abb. 3).

Sportklettern

Handhabung der HMS-Sicherung beim Seilausgeben (Abb. 1–2)

Sicherheitstipps:
- Anfänger sollten Vorstiegsrouten klettern, in denen ein schnelles Zurückklettern oder Zurückgreifen zum letzten Haken einfach und jederzeit möglich ist.
- Bei den ersten Vorstiegsversuchen sollte in jedem Falle ein Brustgurt und eventuell ein Helm getragen werden.

Handhabung der Sicherung mit fixiertem Achter beim Seilausgeben (Abb. 3–4)

Vorstieg 89

Sichern mit fixiertem Achter erleichtert vor allem das schnelle Seilausgeben, bedarf aber unbedingt der richtigen Handhabung.

Sportklettern

Einlegen des Seiles

- Zur besseren Absicherung können zwischen den Haken zusätzliche Zwischensicherungen wie Klemmkeile im Abstand von 1–2 Metern angebracht werden.

Ablassen mit GriGri

Ausgeben und Ablassen des Seiles mit GriGri

Das GriGri ist ein sehr weit verbreitetes halbautomatisches Sicherungsgerät. Das Seilausgeben mit GriGri erfordert viel Erfahrung. Zu beachten ist, dass es im Sturzfall zu keinem dynamischen Seildurchlauf am Sicherungsgerät kommen kann, lediglich der Sichernde wird ein Stück hochgezogen. Entscheidend ist, dass der Blockiermechanismus funktionsbereit gehalten wird.

Stürzen

Das Beherrschen des Stürzens ist ein unverzichtbarer Bestandteil des sicheren Vorsteigens. Nur wer richtig stürzen kann, hat die Chance, Vorstiegsmoral zu entwickeln, was sich positiv auf die Vorstiegsleistung und den Klettergenuss auswirkt.
Das Üben des Stürzens sollte direkt nach dem Erlernen des Einhängens der Zwischensicherungen, der korrekten Seilführung und den ersten erleichterten Vorstiegsversuchen unter der Leistungsgrenze erfolgen.

Seilausgeben beim GriGri

Vorstieg 91

Sturz in der Route Yaqua, Schwierigkeitsgrad 7c, Frankreich

Sportklettern

Kontrolliertes, das heißt bewusstes und geplantes Stürzen ist meistens ungefährlich, wenn die Fels- oder Kunstwand folgende Kriterien erfüllt:
- Mindestens senkrecht, besser leicht überhängend
- Keine Bodensturzgefahr
- Keine Kollisionsgefahr mit dem Sichernden

Vor dem Stürzen sollte der Kletterer überprüfen, dass er richtig vor dem Seil steht, und den Sichernden nach Möglichkeit vorwarnen. Dann kann er die Hände loslassen und mit den Füßen in Richtung der letzten Zwischensicherung abspringen. Alternativ löst man alle Kontaktpunkte zur Wand gleichzeitig.

Kontrollierter Sturz mit Handgriff zum Knoten und Selbstsicherung des Sichernden

Vorstieg 93

Für die Flugphase werden keine Hinweise gegeben, da hier eine Beeinflussung des Geschehens nur schwer möglich ist. Schließlich muss darauf hingewiesen werden, dass es selbstverständlich auch zu unkontrollierten Stürzen kommen kann, beispielsweise durch das unerwartete Wegrutschen eines Fußes.

Fädeln und Abbauen

Ist der Kletterer im Vorstieg am Routenende angelangt und findet dort nur einen zugeschweißten Abseilring, ein Kettenglied oder einen zugeklebten Ablasskarabiner vor, dann muss sich der Kletterer selbst sichern, ausbinden, das Seil durch die Umlenkung fädeln und wieder neu einbinden. Erst dann kann er vom Sichernden abgelassen werden, ohne Material zu hinterlassen.

Sicherheitstipps:
- Der Sichernde lässt den Vorsteiger während der ganzen Zeit des Fädelns in der Sicherung.
- Der Vorsteiger sollte beim Fädeln nie »Stand« rufen, weil der Sichernde ihn sonst aus der Sicherung nehmen könnte.

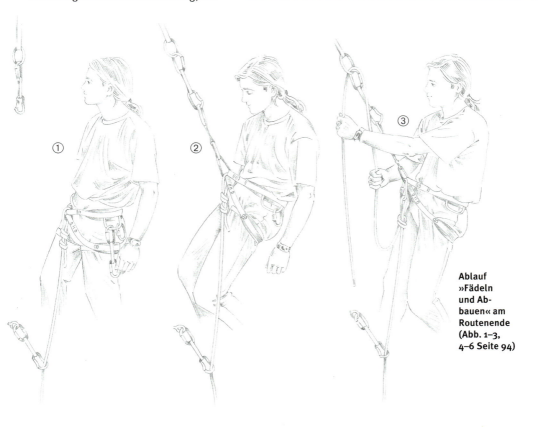

Ablauf »Fädeln und Abbauen« am Routenende (Abb. 1–3, 4–6 Seite 94)

Sportklettern

Seilschaftsklettern

Unter Seilschaftsklettern versteht man den Zusammenschluss von zwei oder auch drei Kletterern zu einer Gemeinschaft für eine oder mehrere Routen. In einer Seilschaft wird entweder abwechselnd vor- und nachgestiegen – man spricht dann auch von »überschlagen« klettern – oder es steigt immer derselbe Kletterer voraus. Die Kletterer sind während der Kletterei durch das Seil miteinander verbunden und sichern sich mit ihm gegenseitig. Für den reibungslosen Ablauf des Kletterns in einer Seilschaft ist eine treffende Verständigung notwendig. Seit langem haben sich so genannte »Seilkommandos« eingebürgert, die mit konkreten Handlungsanweisungen verbunden sind. Es ist von großer Bedeutung, dass die richtigen Seilkommandos ausgetauscht und exakt verstanden werden. Oft muss das Seilkommando mehrmals wiederholt werden, um Missverständnisse auszuschließen. In Ausnahmefällen können auch andere Zeichen vereinbart werden, zum Beispiel dreimal ziehen am Seil bedeutet Stand. Eingespielte Seilschaften verstehen sich dagegen oftmals »blind«.

Vorstieg 95

Seilkommandos			
Aktion	**Seilkommando**	**Gefahr**	**Lösung**
Der Vorsteiger ist am Standplatz angekommen und hat sich selbst gesichert.	»Stand«	Der Vorsteiger hängt irrtümlicherweise zuerst die Kameradensicherung ein und ist noch nicht selbstgesichert.	Vor dem Kommando »Stand« die Selbstsicherung überprüfen.
Der Nachsteiger hat das für ihn geltende Kommando »Stand« gehört und hängt die Kameradensicherung aus.	»Seil ein«	Der Nachsteiger hat das Kommando »Stand« einer anderen Seilschaft vernommen und hängt die Kameradensicherung des Vorsteigers aus, obwohl dieser noch klettert.	Der Vorsteiger ruft den Namen des Nachsteigers vor dem Seilkommando.
Der Vorsteiger zieht das Seil solange ein, bis das Seil zum Nachsteiger straff ist.	»Seil aus«	Der Nachsteiger hängt seine Selbstsicherung aus, bevor der Vorsteiger ihn in die Kameradensicherung genommen hat.	Der Nachsteiger lässt seine Selbstsicherung durch »Reinhängen« belastet, so dass diese nicht aus Versehen ausgehängt werden kann.
Der Vorsteiger hängt die Kameradensicherung für den Nachsteiger ein und fordert ihn zum Nachklettern auf.	»Nachkommen«	Der Vorsteiger sichert mit zuviel Schlappseil nach und/oder verbessert den Stand, während er sichern sollte.	Der Nachsteiger ruft »Straff« oder »Zug«. »Nachkommen« erst dann rufen, wenn der Stand fertig eingerichtet ist.
Der Nachsteiger weiß nun, dass er gesichert ist, hängt seine Selbstsicherung aus, und klettert los.	»Ich komme«	Der Nachsteiger klettert los, obwohl das Kommando »Nachkommen« noch nicht erfolgt ist.	Der Nachsteiger frägt vor dem Losklettern »kann ich kommen?«

Die Seilkommandos sind fester Bestandteil der Sprache der Kletterer.

Sportklettern

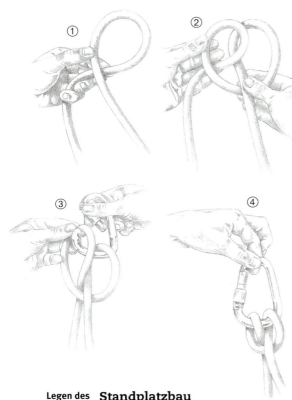

Legen des Mastwurfs zur Selbstsicherung (Abb. 1–4)

Standplatzbau

Der Standplatz mit Selbst- und Kameradensicherung ist der Ausgangspunkt einer Kletterei. An ihm befinden sich mehrere Fixpunkte, welche zu einem zentralen Sicherungspunkt verbunden werden. Alternativ besteht er aus einem einzelnen hundertprozentig sicheren Fixpunkt. Der Standplatz sollte sicher vor objektiven Gefahren wie Steinschlag sein, ausreichend Platz bieten und in Ruf- und Sichtweite zwischen Kletterer und Sicherndem liegen. Je nachdem, ob einer oder mehrere Fixpunkte vorhanden sind, ergeben sich unterschiedliche Techniken, den Standplatz einzurichten.

Standplatzbereitung an einem Fixpunkt (Fixpunktsicherung)

Obwohl Standplätze mit nur einem Fixpunkt die Ausnahme sind, gibt es Gelegenheiten über einen einzelnen hundertprozentig sicheren Fixpunkt zu sichern. Dies kann zum Beispiel ein gebohrter und geklebter Standring, ein großer gesunder Baum oder das Gipfelkreuz als letzter Standplatz sein. An diesen einzelnen Fixpunkt hängt der Kletterer die Selbstsicherung mittels Mastwurf in einen Verschlusskarabiner ein, der den Zentralpunkt bildet.

Vorteile:
+ Leicht lösbar
+ Schnelle Längenveränderung zwischen Anseilgurt und Selbstsicherungskarabiner möglich

Nachteile:
− Kann sich bei steifen und glatten Seilen lockern

In diesen Zentralpunktkarabiner wird die Kameradensicherung auf der dem Schnapper gegenüberliegenden Seite eingehängt.

Standplatz mit mehreren Fixpunkten

Steht kein einzelner, absolut sicher erscheinender Fixpunkt zur Verfügung,

Vorstieg

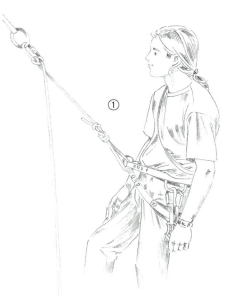 

Stand an einem einzelnen, hundertprozentig sicheren Fixpunkt (Abb. 1–2)

müssen mehrere Fixpunkte miteinander verbunden werden. Sie sollten mit einem Kräftedreieck (auch Ausgleichsverankerung genannt) zusammengefasst werden. Dieses verteilt die auftretenden Kräfte gleichmäßig auf alle Fixpunkte, wodurch die Ausbruchwahrscheinlichkeit jedes einzelnen Fixpunktes herabgesetzt wird.

Beim Bau eines Kräftedreiecks hängt man zunächst in jeden Fixpunkt einen Normalkarabiner ein. In diese wird eine Standschlinge eingehängt. Ein Schlingenstrang zwischen den Fixpunkten wird um 180 Grad verdreht, zum anderen frei laufenden Schlingenstrang geführt und mit diesem mittels Zentralpunktkarabiner verbunden. In diesen hängt der Kletterer das Seil zur Selbstsicherung und den Schraubkarabiner zur Kameradensicherung ein.

Zu beachten ist:
- Der Winkel zwischen dem Zentralpunkt und den Fixpunkten sollte 90 Grad nicht übersteigen, um den Kräfteausgleich optimal zu gewährleisten.

Zum Sichern des Vor- und Nachsteigers über den Zentralpunkt verwendet man die Halbmastwurfsicherung. Die Vorteile liegen in der hohen Sicherheit und der einfachen Handhabung. Der Halbmastwurfknoten wird in den HMS-Karabiner mit Verschlusssicherung eingehängt.

Sportklettern

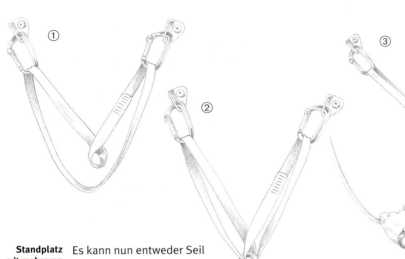

Standplatz mit mehreren Fixpunkten (Abb. 1–3)

Es kann nun entweder Seil vom Nachsteiger her eingeholt oder zum Vorsteiger hin ausgegeben werden.

Standplatzsicherung über Körper

Eine andere Möglichkeit der Vorstiegssicherung vom Standplatz in der Wand aus ist die Standplatzsicherung über Körper. Hierzu wird die Selbstsicherung des Sichernden auf etwa 2 Meter verlängert, so dass der Sichernde tiefer als der Stand hängt. Nun kann er mit HMS, Achter oder GriGri ausschließlich den Vorsteiger über den Körper sichern. Wichtig ist, dass der Kletterer sehr schnell (am besten noch vor dem Verlassen des Standplatzes) eine erste Zwischensicherung einhängt – dies kann auch ein Fixpunkt des Standplatzes sein –, um einen (Stand-)Sturz des Kletterers in den Körper des Sichernden auszuschließen.

Sicherheitstipps:
- Der Gewichtsunterschied zwischen Kletterer und Sicherndem sollte 15 kg nicht übersteigen.
- Über den Körper nicht nachsichern!

Andere Methoden des Standplatzbaus als die hier beschriebenen werden vor allem beim alpinen Klettern angewendet und können ebenso wie die in diesem Buch aufgeführten nur unter fachkundiger Anleitung erlernt werden.

Sicherungstheorie

Beim Klettern über Absprunghöhe erfolgt in einer Seilschaft die gegenseitige Seilsicherung. Zum richtigen Gebrauch der dazu nötigen Ausrüstung und zum korrekten sicherungstaktischen Verhalten ist die Kenntnis grundlegender

Vorstieg

Aspekte der Sicherungstheorie notwendig. Wird dies beachtet, dann kann man mit gutem Gewissen sagen, dass Sportklettern bei richtigem Verhalten und optimalem Wirken der Sicherungskette sehr sicher betrieben werden kann.

Die Sicherungskette

Als Sicherungskette werden innerhalb einer Seilschaft alle Punkte bezeichnet, die durch Sturz oder andere Einflüsse belastet werden.

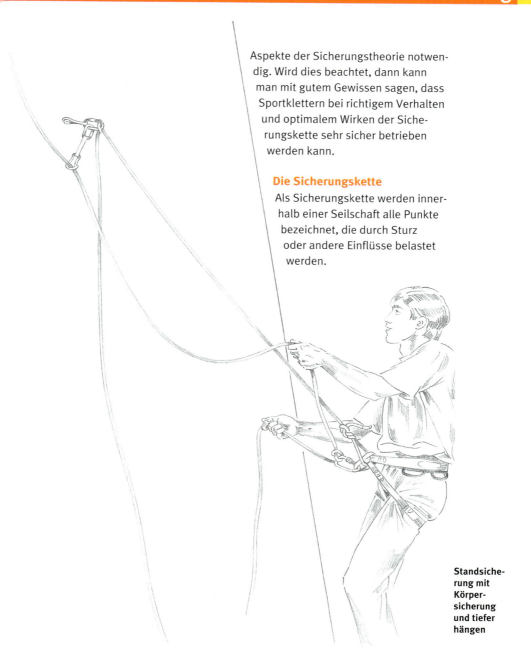

Standsicherung mit Körpersicherung und tiefer hängen

Sportklettern

Standplatz in der Route Rengekante, Schwierigkeitsgrad VIIc, Deutschland

Vorstieg 101

Eine Sicherungskette besteht aus:
- Anseilgurt
- Seil
- Haken
- Karabiner
- Express-Schlingen
- Schlingen
- Sicherungsgerät
- Sichernden

Da diese Bestandteile der Sicherungskette aus verschiedensten Materialien mit ebenso vielen Eigenschaften bestehen, kommt es zu einer individuellen Verteilung der bei Belastung auftretenden Kräfte. Innerhalb der Sicherungskette erfolgt ein Wechselspiel von physikalischen Vorgängen, welche bewirken, dass auch bei starker Belastung sowohl die Körper des Kletterers und des Sichernden als auch die Ausrüstung nicht über ein unverträgliches Maß hinaus belastet werden.

Da beim Toprope-Klettern nur etwa das maximal vierfache Körpergewicht auf die

Die belastete Sicherungskette nach einem Sturz

Sportklettern

Umlenkung und bei normalem Schlappseil eine sehr geringe Krafteinwirkung auf den Kletterer zukommen, soll es in den nachfolgenden Überlegungen nicht berücksichtigt werden.

Bei den Betrachtungen gilt entsprechend dem internationalen Einheitensystem für Masse (= Gewicht) 1 Kilopond (kp) = 1 Kilogramm (kg). Wird dieser Wert als Gewichtskraft angegeben (also mit einer Richtung, in der die Masse wirkt), dann gilt 1 kp = 10 Newton (N).

Der Sturz ins Seil

Die Ursache der Belastung der Sicherungskette liegt in der Anziehungskraft der Erde. Diese ist dafür verantwortlich, dass ein stürzender Kletterer in Richtung Boden fällt. Die beim Fallen auftretende Energie (Fallenergie) muss von der Sicherungskette aufgenommen werden, um den Sturz abzufangen.

Belastung der Kameradensicherung

Die maximale Belastung der Kameradensicherung (der so genannte Sturzzug) beträgt im ungünstigsten Fall die Höhe der Bremskraft des Sicherungsgerätes. Zieht eine größere Kraft an dynamisch wirkenden Kameradensicherungen (Achter, HMS), dann wird automatisch so viel Seil durch die Kameradensicherung gezogen, bis diese auf die Grenze des Durchlaufwertes reduziert ist.

Daraus ergeben sich folgende maximale Belastungen:

▌ Bremskraft (Durchlaufwert) HMS: ca. 300 daN (kp)
▌ Bremskraft (Durchlaufwert) Achter: ca. 200 daN (kp)
Bitte beachte Sie:

▌ Da GriGri bei Sturzzug statisch wirkt, erfolgt kein Seildurchlauf. Die Folge wäre ein harter Sturz. Deswegen dürfen Sie nie mit GriGri über Fixpunkt sichern.

Belastung des Stürzenden

Am anderen Ende des Seiles, auf der Klettererseite, treten im Sturzfall maximale Kraftwerte (der so genannte Fangstoß) um 1000 kp auf. Dies liegt an der dynamischen Dämpfung des Sturzes durch Seildehnung, Hochreißen des Anseilgurtes und Körperverformung.

Das Ziel des gesamten Sicherungsvorganges ist es, die Fangstoßeinwirkung auf den Kletterer so gering wie möglich zu halten, um starkes Prellen, hartes Anschlagen des Körpers an der Wand und eine hohe Belastung der Umlenkung zu vermeiden. Der Fangstoß ist bei Körpersicherung stark vom Verhalten des Sichernden abhängig.

Belastung der Umlenkung

An der Umlenkung des Seiles (in der belasteten Zwischensicherung) ziehen im Sturzfall zwei Kräfte. Auf der einen Seite der Widerhalt des Sichernden, auf der anderen Seite der Fangstoß des Stürzenden. Die Zwischensicherung muss der Summe dieser beiden Kräfte stand-halten. Diese beträgt im ungünstigsten Fall 1600 kp. Für die Praxis folgt daraus, dass es unter Umständen zu einer Überlastung der Umlenkung kommen kann. Da man beim Sportklettern aber fast ausschließlich über den Körper sichert und sich dadurch immer dynamische Wirkungen beim Sichern ergeben (zum Beispiel Abheben des Sichernden), werden diese Werte jedoch so gut wie nie erreicht.

Deutlich wird allerdings, dass hohe Belastungen an der Umlenkung und am Kletterer beim Vorstiegssturz auftreten. Daraus lassen sich Schlussfolgerungen für das Verhalten des Sichernden ziehen. Vorrangig geht es bei seinem Verhalten darum, die Belastung der Umlenkung zu reduzieren und den Sturz für den Stürzenden »weich« werden zu lassen.

Das Verhalten des Sichernden

Je dynamischer oder »weicher« ein Sturz erfolgt, desto geringer ist die Fangstoßeinwirkung auf den Kletterer und die Belastung der Zwischensicherung. Jedes dynamische Auffangen eines Sturzes beruht allerdings auf einer Verlängerung der Sturzstrecke, was im krassen Widerspruch dazu stehen würde, wenn die Gefahr eines Bodensturzes oder des Aufschlagens auf einem Felsabsatz besteht. Ist die Wand steil und ohne Hindernisse, spricht allerdings nichts gegen einen etwas weiteren Sturz.

Da ein Sturz nicht von alleine »weich« wird, muss der Sichernde durch sein Verhalten dazu beitragen.

▌ Ist der Sichernde etwa gleich schwer wie der Kletternde oder etwas schwerer, sollte der Sturz »abgefedert werden«. Dies geschieht durch leichtes Beugen in den Kniegelenken und Aufbauen von Vorspannung in den Oberschenkeln. Bei Sturzzug erfolgt dann automatisch das Strecken und »Abfedern«.

▌ Ist der Sichernde etwas leichter als der Kletternde, erübrigt sich das Abfedern, denn der Sichernde wird automatisch ein Stück in die Luft gehoben.

▌ Ist der Sichernde deutlich leichter als der Kletterer, sollte sich dieser an einem von der Kletterwand entfernten Punkt selbst sichern. Der Sicherungspunkt sollte auf Hüfthöhe und das Sicherungsseil dorthin gespannt sein. Die erste Zwischensicherung, der Sichernde und der Selbstsicherungspunkt befinden sich idealerweise auf einer Linie.

▌ Ist der Sichernde deutlich schwerer als der Kletternde, sollte dieser entweder abfedern oder besser ca. 15–30 cm Seil kontrolliert in das Sicherungsgerät eingeben. Dies ist vor allem dann zu berücksichtigen, wenn Erwachsene leichte Kinder und Jugendliche sichern.

Eine Voraussetzung für die sichere Durchführung dieser Maßnahmen ist, dass der Sichernde über einen geeigneten Standort verfügt, genügend Sturzraum für den Stürzenden vorhan-

Sportklettern

den ist und keine Kollisionsgefahr zwischen dem Kletterer und dem Sichernden besteht.

Faustregel:
Bei einem Sturz ist damit zu rechnen, dass die gesamte Sturzstrecke die dreifache Entfernung vom Anseilpunkt des Kletterers bis zur letzten Zwischensicherung betragen kann. Deswegen gilt uneingeschränkt: immer unnötiges Schlappseil vermeiden!

Abseilen

Obwohl es nur eine technische Abstiegshilfe für verschiedene Situationen ist, bietet Abseilen immer besondere Ausblicke und Körperempfindungen.

▌ Abseilen am Ende einer Route, wenn nicht abgelassen werden kann (zum Beispiel bei einer Schlinge als Umlenkung, zur Schonung der Felsköpfe, wenn kein Abstiegsweg vorhanden ist).
▌ Abseilen, wenn ein Rückzug angetreten werden muss (zum Beispiel wenn die Route zu schwer ist).
▌ Abseilen zum Routenstudium, zum Beispiel zur Vorbereitung einer flash-Begehung.

Bereits vor dem eigentlichen Abseilvorgang müssen Sicherheitsvorkehrungen getroffen werden.
Die Abseilstelle, auch Abseilstand genannt, muss eine hundertprozentig ausbruchsichere Verankerung sein. Das kann ein intakter Klebehaken, ein Kräftedreieck aus mehreren Fixpunkten, ein solider Baum oder eine solide, mindestens armdicke Sanduhr sein.
Die Verankerung muss mindestens dem dreifachen Körpergewicht des Kletterers mit entsprechender Reserve standhalten. Das folgende Rechenbeispiel dient zur Veranschaulichung: Ein schwerer Kletterer mit Ausrüstung wiegt 100 kg. Die Mindesthaltekraft muss 300 kg plus 100 kg Reserve entsprechen, das heißt also 400 kg.

Vor dem Abseilen sind folgende Maßnahmen zu ergreifen:
▌ Anbringen einer Schulter- oder Standschlinge mit Ankerstich und Verschlusskarabiner an die zentrale Anseilschlaufe des Anseilgurtes zur Selbstsicherung am Abseilstand.
▌ Bereitstellen eines Abseilachters und Verschlusskarabiners.
▌ Entscheidung darüber, welche Methode zur Hintersicherung gewählt wird – Zugsicherung oder Kurzprusiksicherung.

Farbig eloxierter Abseilachter

Vorstieg 105

Abseilen über die Route Bordüre, Schwierigkeitsgrad VIIc, Deutschland

Sportklettern

Die Zugsicherung beim Abseilen kann unkompliziert erfolgen.

Zugsicherung

Die Zugsicherung kann an der Kunstoder Felswand immer dann angewendet werden, wenn keine Gefahr durch herabfallende Steine oder Ausrüstung besteht. Der Sichernde steht dazu am Boden und hält beide Abseilseilstränge in den Händen. Er zieht sofort und fest an diesen, falls der Abseilende die Bremsseile unvorhergesehen loslässt.

Vorteile:

+ Die Zugsicherung ist schnell und unkompliziert durchzuführen.
+ Der Zugsichernde kann den Abseilenden im Notfall zum Boden herunterbremsen.

Nachteil:

− Der Zugsichernde ist herabfallenden Gegenständen ausgesetzt.

Kurzprusiksicherung

Die Hintersicherung mit Kurzprusik kann dann erfolgen, wenn keine Zugsicherung möglich ist, was zum Beispiel beim Abseilen in einem nicht einsehbaren, unbekannten Gelände der Fall wäre. Dazu wird eine mindestens 5–6 mm starke und cirka 30–40 cm lange Reepschnur doppelt genommen und mittels Prusikknoten um beide Bremsseilstränge gelegt. Diese muss hinter dem Prusikknoten möglichst knapp mit einem Achterknoten abgebunden und in einen Normalkarabiner eingehängt werden, der in eine Beinschlaufe auf der Innenseite des

Vorstieg

Oberschenkels eingehängt ist. Der Abseilende führt mit einer Hand den Prusikknoten mit und bremst mit der anderen Hand die Abseilfahrt.

Vorteil:
+ Beim plötzlichen Loslassen der Bremsseile klemmt der Prusikknoten sofort.

Nachteile:
– Die Prusikschlinge ist nach Belastung schwer zu lösen.
– Der gesamte Abseilverlauf kommt durch das Mitführen der Kurzprusik oft ins »Stocken«.

Sicherungstaktik

Unter Sicherungstaktik sind alle Maßnahmen vor und während einer Kletterei zu verstehen, die den Kletterer auf alle erdenklichen Situationen optimal vorbereiten. Auch unerwartet auftretende Sicherungsprobleme können durch Tricks gemeistert werden.

Sicherungstaktische Maßnahmen vor einer Kletterei

▎ Sorgfältiges Routenstudium anhand eines Topos oder durch Routeninspektion
▎ Den Routenverlauf mit Sicherungspunkten einprägen
▎ Die Schlüsselstelle mit Sicherungspunkt merken
▎ Die Zwischensicherungen abzählen
▎ Einhängegriffe suchen

Auswahl der Ausrüstung

▎ Mitzuführende Express-Schlingen abzählen
▎ Zusätzlich mobile Sicherungsmittel mitnehmen
▎ Die Schuhwahl entsprechend des Routencharakters treffen
▎ Entscheiden, ob ein Brustgurt und ein Helm benötigt werden
▎ Magnesiumbeutel öffnen

Knüpfen und Einhängen der Kurzprusikschlinge (Abb. 1–4)

Sportklettern

Seil abbinden mit Schleifknoten bei HMS-Sicherung (Abb. 1–4)

Absprache mit dem Sichernden
- Sturzmöglichkeiten besprechen
- Position des Sichernden bestimmen
- Entscheidung für weiches oder hartes Sichern treffen
- Festlegen, ob abgelassen oder abgeseilt werden soll
- Seilkommandos absprechen

3-K-Kontrolle
Prägen Sie sich die drei wichtigsten Kontrollpunkte ein:
- **K**arabiner zugeschraubt
- **K**noten richtig geknüpft
- **K**ameradensicherung richtig eingehängt

Sicherungstaktische Maßnahmen während einer Kletterei
- Ausrüstung zielgerichtet einsetzen
- Position der Zwischensicherungen bestimmen
- Eventuell Ausrüstung am Gurt neu sortieren
- Schraubkarabiner an der Schlüsselstelle einhängen
- Seilverlauf optimieren

Seil abklemmen
In allen Situationen, in denen der Kletterer sehr lange und wiederholt das Seil belasten muss (zum Beispiel beim Ausbouldern), empfiehlt sich zur Entlastung des Sichernden das Seil abzuklemmen.

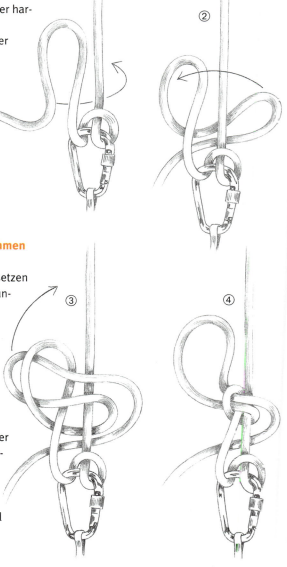

Vorstieg 109

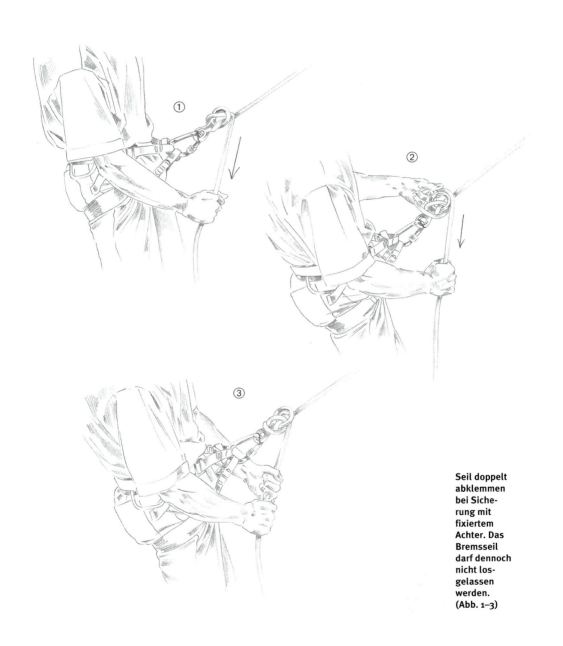

Seil doppelt abklemmen bei Sicherung mit fixiertem Achter. Das Bremsseil darf dennoch nicht losgelassen werden. (Abb. 1–3)

Sportklettern

Kletterer in der Route Outer Limits, Schwierigkeitsgrad 5.10d, Yosemite, USA

Belastungen und Gefahren

Zum Ausstieg

Belastungen und Gefahren

Den positiven Seiten des Kletterns stehen wie in allen Sportarten bei falscher Ausübung oder übertriebenem Training hohe Belastungen des Körpers und damit verbundene Gefahren gegenüber.
Grundsätzlich wird beim Auftreten negativer Auswirkungen zwischen Überlastungsschäden und Verletzungen unterschieden. Überlastungsschäden sind die Summe kleinster Mikroverletzungen, die nicht zur vollständigen Ausheilung kommen. Verletzungen entstehen durch akute Unfallereignisse.

Überlastungsschäden

Fingergelenksschwellungen
Symptome: Fingersteifheit, schmerzhafter Faustschluss, Gelenksschwellungen
Ursachen: Gelenkergüsse nach Überbelastung, Verdickung der Seitenbänder und Gelenkkapsel
Therapie: Sportpause, Fingergymnastik ohne Belastung, im akuten Stadium Kälte, im chronischen Stadium Wärme
Betroffene Körperteile: Fingermittelgelenke, insbesondere Zeige-, Mittel- und Ringfinger

Sehnenscheidenentzündungen
Symptome: Belastungs- und Bewegungsschmerzen, fühlbare Reibungswiderstände, Schwellung

Vermeiden Sie unbedingt das Aufstellen der Finger!

Ursachen: unphysiologische maximale Belastungen, zu kurze Erholungszeiten
Therapie: Sportpause, Ruhigstellung, entzündungshemmende Medikamente, Injektionen, Training der muskulären Gegenspieler
Betroffene Körperteile: Sehnenscheiden der Beugesehnen der Finger, insbesondere Mittel- und Ringfinger

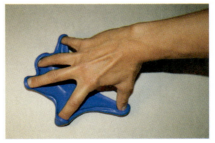

Das Training der muskulären Gegenspieler (hier Fingerstrecker) kann einseitigen Belastungen vorbeugen.

Folgerungen für die Kletterpraxis:
➤ Nach Möglichkeit Vermeidung des Aufstellens der Finger
➤ Abwechseln der Griffarten bei Kunstwänden, möglichst runde Griffe und keine kleinen Leisten

Zum Ausstieg

➤ Einhalten der Regenerationszeiten, weniger ist oft mehr.
➤ Rechtzeitiges Loslassen an Schlüsselstellen anstatt langem »Verbeißen« in eine Schlüsselstelle
➤ Konsequentes Aufwärmen vor dem Klettern
➤ Beschwerden ernst nehmen und Sportarzt aufsuchen

Verletzungen

Bandverletzungen
Symptome: Bluterguss, lautes »Schnalzen«, Schmerzen, Bewegungseinschränkung

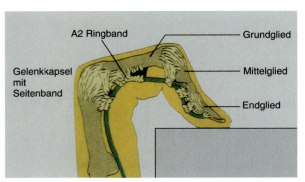

Typischer Verletzungsmechanismus für A-2-Ringbandeinriss durch Aufstellen der Finger

Ursache: unphysiologische Belastung, Sturz und Hängenbleiben, sehr schnelle Leistungssteigerung
Therapie: Sportpause für 4–16 Wochen, Ruhigstellung für 1–3 Wochen, intensive Rehabilitation
Betroffene Körperteile: Gelenkkapseln und Seitenbänder sowie A2-Ringband der Finger

Meniskusverletzungen
Symptome: Belastungsschmerz, Beweglichkeitseinschränkung
Ursache: unphysiologische Belastung bei extremen Beugestellungen der Beine
Therapie: Sportpause, Arthroskopie
Betroffene Körperteile: Innenmeniskus des Kniegelenks, seltener Außenmeniskus

Knochenbrüche
Symptome: Schmerzen, Bewegungseinschränkung, Schwellung
Ursache: Sturz mit hartem Anprall oder Aufprall auf Boden
Therapie: Sportpause, Ruhigstellung, Operation, Rehabilitation
Betroffene Körperteile: Kahnbein des Handwurzelknochens (beim Abfangen eines Sturzes auf das überstreckte Handgelenk), Fußwurzelknochen

Folgerungen für die Kletterpraxis:
➤ Vermeidung verletzungsanfälliger Situationen, Bouldern in großer Höhe, Klettern an der Sturzgrenze bei großem run-out
➤ Kenntnis und Üben der richtigen Sturztechnik
➤ Kein Nachgreifen bei Stürzen
➤ Vermeiden des Aufstellens der Finger

➤ Sicherheitstraining, Abrolltraining bei Boulderstürzen, richtiges Spotten

➤ Beschwerden ernst nehmen und Sportarzt aufsuchen

Training

Konditionstraining

Parallel zum wichtigen Techniktraining (siehe Seite 38 ff.) kann ein Konditionstraining die Leistungssteigerung bei jedem Kletterer fördern. Für Anfänger und Fortgeschrittene wird aus den zahlreichen Trainingsarten vor allem das regelmäßige Bouldertraining empfohlen.

Bouldertraining

Unter Bouldertraining versteht man das Klettern an einer Boulderwand nach gezielten Trainingsprinzipien und verschiedenen Belastungskomponenten, die über Anzahl und Art der Kletterzüge variiert werden.

Vorteile:
+ Abwechslungsreich
+ Techникschulung inbegriffen
+ Spielerisch

Nachteile:
− Ungenau dosierbar
− Schwer kontrollierbar

Beispiel:

➤ **Für Anfänger**
Ort: Boulderwand, leicht überhängend, mindestens 4 Meter breit, Leisten, Zangen, Löcher für mindestens 2 Fingerglieder
Wiederholungen: 8–15 Kletterzüge aneinander reihen (das heißt 8–15-mal Weitergreifen), 50 Prozent des Wiederholungsmaximums (also ca. 30 Kletterzüge)
Intensität: mittel, zu Beginn Wiederholungsmaximum bestimmen
Pause: 1–3 Minuten zwischen den Serien
Serien: 6–8, also insgesamt minimal ca. 48, maximal ca. 120 Kletterzüge

➤ **Für Fortgeschrittene**
Ort: Boulderwand, stark überhängend, mindestens 4 Meter breit, Leisten, Zangen, Löcher für mindestens 2 Fingerglieder
Wiederholungen: 5–10 Kletterzüge aneinander reihen (das heißt 5–10-mal Weitergreifen)
Intensität: submaximal, langsame Bewegungsausführung, bis zu starker lokaler Ermüdung, zu Beginn Wiederholungsmaximum bestimmen, evtl. Griffe wegdefinieren
Pause: 2–3 Minuten zwischen den Serien
Serien: 6–8, also insgesamt minimal ca. 35, maximal ca. 80 Kletterzüge

Zum Ausstieg

Die Felsen der Mittelgebirge bieten seltenen Pflanzen- und Tierarten eine Heimat. Zeitlich begrenzte Kletterverbote und eine naturschonende Infrastruktur garantieren den Schutz der empfindlichen Felsbiotope.

Lebensraum für Pflanze, Tier und Mensch

Differenzierte Konfliktlösung im Felsbiotop

Oft setzt sich ein Felsbiotop wie eine Art Puzzle aus einer Vielzahl von Teilbiotopen zusammen. Je nach Exposition, Steilheit und Struktur des Felses bilden sich Kleinbiotope. So finden wir wenige Meter neben einem steilen, unbewachsenen Wandbereich auf einer besonnten Felsterrasse mit ausreichender Erdauflage ein wahres Pflanzenparadies. Die folgenden, von Kletterverbänden empfohlenen Maßnahmen gewährleisten sowohl das Überleben der Pflanzen- und Tierwelt im Felsbiotop als auch eine befriedigende Ausübung des Klettersports.

① Um Fauna und Vegetation in der Geröllhalde unter den Felsen zu schützen, wird ein durchdachtes System von Pfaden zu den Felsen angelegt.

② Felszonen, in denen das Beklettern den Bestand einer Art gefährden würde, werden stillgelegt. Gesperrter und offener Felsbereich werden mit bundesweit einheitlichen Symbolen gekennzeichnet (Kreuz ⊗ bzw. Pfeil ▶).

③ Unterhalb der ökologisch sensiblen Felsköpfe werden Umlenkhaken angebracht. Der Abstieg erfolgt durch Ablassen oder Abseilen über die Aufstiegsroute.

④ Während der Brut- und Aufzuchtzeit von geschützten felsbewohnenden Vogelarten wird eine zeitlich befristete Sperrung verhängt. Diese Maßnahme leistet einen wichtigen Beitrag zum Überleben des Wanderfalken in Deutschland.

Naturschutz

Klettern und Naturschutz

Durch die steigende Beliebtheit und das damit verbundene zahlreiche Auftreten der Kletterer ist der Klettersport in die Kritik geraten. Naturschützer sehen die natürlichen Felsen, die einen hochsensiblen, einmaligen natürlichen Sonderstandort darstellen, in ihrer Ökologie bedroht.

Tatsächlich kann es bei starkem Felsbesuch durch Kletterer zu einer Störung der Tierwelt, zu einem Rückgang der Vegetation, zu Sitz-, Ablage- und Trittschäden am Wandfuß, zu Verschmutzung und zur Verärgerung der Anwohner kommen. Von den Gegnern des Klettersports werden aber auch unsachliche Kritik und fachlich nicht haltbare Vorwürfe in die Öffentlichkeit getragen. Die Folgen sind oftmals übertriebene und kompromisslose Felssperrungen durch die Behörden.

Naturschutz 115

Unanfechtbar ist, dass es im Zusammenhang mit Klettern zu einer Schädigung der Natur kommen kann. Dies tritt jedoch meistens nur dann ein, wenn sich die Menschen falsch verhalten. Um dieses zu vermeiden und Klettern als Natursportart weiter zu erhalten, empfiehlt der Deutsche Alpenverein e.V. die Beachtung des Drei-Zonen-Systems und die Reglen des »Sanften Kletterns«. Das Drei-Zonen-System teilt Klettergebiete räumlich nach Naturschutzaspekten ein, was Kletterer, Behörden und Naturschützer gleichermaßen zufriedenstellen soll. Bei dem Besuch eines Klettergebietes sollten Sie sich deswegen unbedingt beim Deutschen Alpenverein e.V. über dieses System oder die jeweiligen lokalen Regelungen informieren, um nicht die mühsam erkämpften Erfolge der »Kletterfunktionäre« durch »wildes Herumklettern« zunichte zu machen.

Sanft klettern

Um ein harmonisches Miteinander von Menschen, Tieren und Pflanzen zu ermöglichen, sollten Kletterer die Verhaltensweisen in Bezug auf den Naturschutz kennen und beachten. Diese kleinen Beiträge sind die Basis zur Erhaltung der natürlichen Felsen als Klettergärten für die Menschen.
Die wichtigsten Regeln sind:
▌ Möglichst umweltschonend, mit öffentlichen Verkehrsmitteln anreisen, Fahrgemeinschaften bilden, für die kurzen Entfernungen Fahrräder benutzen.
▌ Sich über die aktuelle Regelung in einem Klettergebiet informieren, Sperrungen akzeptieren, Zugangszeiten beachten.
▌ Das lokale Übernachtungsangebot nutzen, nicht durch wildes Zelten unangenehm auffallen.
▌ Ausgewiesene Parkplätze nutzen.
▌ Feld, Wiese und Wald schonen, die gekennzeichneten Zu- und Abstiegswege einhalten, keine Abkürzungen benutzen.
▌ Die gekennzeichneten Gebiete des Vogelschutzes weiterhin respektieren.
▌ Klettergebiete sauber halten, Müll nach Hause mitnehmen, Fäkalien vergraben, Feuer nur in offiziellen Feuerstellen machen.
▌ Abseil- und Umlenkhaken benutzen, Ausstiege auf Felsköpfe vermeiden, Topropes von unten einhängen.
▌ Pflanzenbewuchs in den Felsen erhalten, keine Routen putzen.
▌ Alle Sanierungen und Erschließungen mit dem lokalen Arbeitskreis abstimmen.

Wettkämpfe

1989 fanden in Deutschland erstmals offizielle Sportkletterwettkämpfe statt. Der Deutsche Alpenverein e.V. war von Anfang an der leitende Verband für das Wettkampfklettern und organi-

Zum Ausstieg

sierte die ersten »internationalen offenen Deutschen Meisterschaften«.
Die ICC als internationaler Verband für das Wettkampfklettern in der UIAA stellt ein umfassendes Regelwerk für alle Punkte, die den Wettkampfbereich betreffen.
Der DAV als zuständiger Fachverband für das Wettkampfklettern in Deutschland leitet unter dem Auftrag der ICC alle internationalen Wettkämpfe in Deutschland sowie alle nationalen Ranglistenwettkämpfe.

Grundgedanke

Grundlegendes Ziel des Wettkampfkletterns ist der Leistungsvergleich und die gegenseitige Leistungsüberbietung. Dabei geht es mehr um die Überwindung der Wandschwierigkeiten als um die Ausschaltung eines direkten Gegenspielers. Im Wettkampfklettern bestehen drei grundsätzlich verschiedene Wettkampfarten.

Schwierigkeitskletterwettkämpfe

Das sind Wettkämpfe, bei denen der von unten gesicherte Wettkämpfer vorsteigt und jede Express-Schlinge nacheinander einhängen muss. Die erreichte Höhe entscheidet über die entsprechende Position des Wettkämpfers in jeder Wettkampfrunde.

Boulderwettkämpfe

Diese Wettkämpfe bestehen aus einer Anzahl von kurzen, individuellen Kletterproblemen. Die addierte Anzahl der von einem Wettkämpfer gesammelten Punkte bestimmt nach jeder Runde des Wettkampfes dessen Position.

Schnellkletterwettkämpfe

Sie werden von toprope-kletternden Wettkämpfern bestritten. Die Position des Kletterers richtet sich nach der erzielten Durchstiegszeit der betreffenden Route.

Höhenmessung

Der Schiedsrichter muss bestimmen, ob ein Griff »gehalten« oder »berührt wurde«. Ein »gehaltener« Griff wird dabei besser bewertet, als ein »berührter« Griff.

➤ Die Höhe eines »gehaltenen« Griffs wird ohne Zusatz vermerkt.

➤ Die Höhe eines »berührten« Griffs wird mit dem Zusatz Minus (–) versehen.

➤ Die Höhe eines Griffes, der »gehalten« wurde und von dem aus eine Kletterbewegung im Hinblick auf die Weiterverfolgung des Durchstiegsversuchs gemacht wurde, wird mit der Höhe des »gehaltenen« Griffes und dem Zusatz Plus (+) versehen.

Im Zusammenhang mit der Organisation und des sportlichen Ablaufes eines Wettkampfes sind vom Veranstalter verschiedene Rahmenbedingungen herzustellen.

Wettkämpfe 117

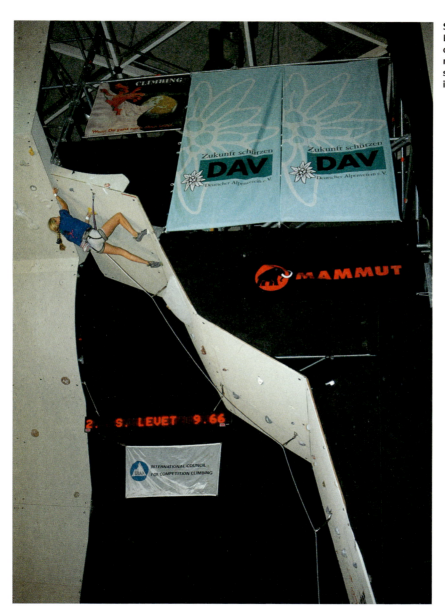

Sandrine Levet bei der Europameisterschaft 2000 in München

Zum Ausstieg

Isolation
Eine vom Wand- und Publikumsbereich abgeschirmte Zone, die zur Vorbereitung der Wettkämpfer vorgesehen ist, und die dazu dient, dass keine unerlaubten Informationen eingeholt werden können.

Wandbesichtigung
Eine sechsminütige Besichtigungszeit der Wettkampfroute beim On-Sight-Klettern. Sie dient dazu, sich einen technischen und taktischen Plan für den Kletterversuch zurechtzulegen.

Top-Begehung
Eine bis zum Ende (Umlenkung) und unter Einhaltung der Regeln gekletterte Route.

Superfinale
Liegen bei einem Wettkampf zwei oder auch mehrere Kletterer nach dem Finale auf dem ersten Platz gleichauf (unter Berücksichtigung der vorherigen Runden des Halb- und Viertelfinales), muss ein Superfinale ausgetragen werden.

Abseilen vom Lizard Rock, Fisher Towers, USA

Wettkämpfe 119

Sportklettern im Cirque of the Unclimbables, Kanada

ANHANG

Künstliche Kletteranlagen

In Deutschland, Österreich und der Schweiz gibt es Hunderte von künstlichen Kletteranlagen.
Die folgende Übersicht enthält ausgewählte künstliche Kletteranlagen, die vom Deutschen Alpenverein e. V., einem kommerziellen Anbieter, einer Schule oder einer anderen pädagogischen Einrichtung betrieben werden. Die Liste für Deutschland ist nach Bundesländern geordnet, sie erhebt keinen Anspruch auf Vollständigkeit und sachliche Richtigkeit.

DEUTSCHLAND

BADEN-WÜRTTEMBERG
Freizeitgelände Waldau, Friedrich-Strobel-Weg 5, 70597 Stuttgart
Art der Anlage: Außenanlage
Maße: 550 m², 14 m hoch
Ansprechpartner: DAV-Sektion Stuttgart, Rotebühlstr. 59a, 70178 Stuttgart

Red-Rooster-Kletterhalle, Waldburgerstr. 21a, 88279 Amtzell
Art der Anlage: Innenanlage
Maße: 13 m hoch, 550 m², Boulderraum 120 m²
Tel./Fax: 075 20/5282

BAYERN
DAV-Kletterzentrum München-Thalkirchen, Thalkirchnerstraße 207, 81371 München
Art der Anlage: Innen- und Außenanlage
Maße: 18 m hoch, 4000 m², 460 m² Boulderbereich
Tel.: 089/221591

Sportalm Scheidegg GmbH, Kursstr. 14, 88175 Scheidegg
Art der Anlage: Innenanlage
Maße: 12 m hoch, 800 m², 120 m² Boulderfläche
Tel.: 08381/926420
Fax: 08381/9264220

BERLIN
Hüttenweg 43, 14169 Berlin
Art der Anlage: Innenanlage
Maße: 6,7 m hoch, je zwei 12 m und 6 m breite Wände, 260 m²
Ansprechpartner: Geschäftsstelle DAV-Sektion Berlin,

Markgrafenstr. 11, 10969 Berlin
Tel.: 030/2510943

BRANDENBURG
Braschelstein, Gewerbeparkstr. 8, 03099 Kolkwitz
Art der Anlage: Außenanlage
Maße: 15 m hoch, 300 m² und 60 m² Boulderfläche, Mobile Kletterwand: 7,5 m hoch und 40 m² Fläche
Tel.: 0355/287872

BREMEN
Turnhalle des TSV Bremen von 1860
Art der Anlage: Innenanlage
Maße: 10 m und 3 m breit, 8 m hoch, 99 m²
Ansprechpartner: Geschäftsstelle der DAV-Sektion Bremen, Eduard-Grunow-Str. 30, 28203 Bremen
Tel.: 0421/72484

HAMBURG
Fitness-Center »Kaifu-Lodge«, Bundesstr. 107, 20144 Hamburg
Art der Anlage: Innenanlage
Maße: 8 m hoch, Turm 100 m²
Tel.: 040/401281

Künstliche Kletteranlagen 121

HESSEN
T-Hall, Vilbeler Landstr. 7,
60386 Frankfurt
Art der Anlage: Innenanlage
Maße: 11 m hoch, 700 m²,
40 m² Boulderfläche
Tel.: 069/94219381
Fax: 069/94219383

MECKLENBURG-VORPOMMERN
Rügen-Tiet un Wiel, Sport und
Freizeitzentrum, Plüggentiner
Str. 18, 18573 Samtens
Art der Anlage: Indoor
Maße: 260 m²
Tel.: 038306/21020

NIEDERSACHSEN
Goslar
Art der Anlage: Innenanlage
Maße: 7 m hoch, 4 m breit,
36 m²
Ansprechpartner: Geschäfts-
stelle der DAV-Sektion Goslar,
Postfach 1305, 38603 Goslar

NORDRHEIN-WESTFALEN
Tivoli, Stangenhäuschen 21,
52070 Aachen
Art der Anlage: Innenanlage
Maße: 16 m hoch, 30 m breit,
Kletterfläche 700 m², Boulder-
wand 60 m²
Tel.: 0241/157747
Fax: 0241/154986

Kletter-Max, Hermannstr. 75,
44263 Dortmund
Art der Anlage: Innenanlage,
mobiler Außenturm
Maße: 18 m hoch, Kletterfläche 600 m²
Tel.: 0231/4270257

Bronx-Rock Kletterhalle,
Kalscheurener Str. 19,
50354 Hürth-Efferen
Art der Anlage: Innenanlage
Maße: 15 m hoch, 1000 m²,
Boulderhöhle, 7,5 m überhän-
gend, 30 m² Dachbereich
Tel.: 02233/685070
Fax: 02233/685072

RHEINLAND-PFALZ
EXTREM – Das Kletterzentrum,
Saarburgerstr. 25, 67071 Lud-
wigshafen
Art der Anlage:
Innenanlage
Maße: 9 m hoch, 1300 m²
Kletterfläche, 100 m² Boulder-
höhle
Ansprechpartner: Saarburger
Str. 25, 67071 Ludwigshafen
Tel.: 0621/511287

SAARLAND
Sporthalle Ensdorf,
66806 Saarlouis
Art der Anlage: Innenanlage

Maße: 7,20 m hoch, 18 m
breit, 220 m²
Ansprechpartner: Geschäftsstelle der DAV-Sektion Alpenverein und Skiclub Saarbrü-
cken, Rosenstr. 31, 66111 Saar-
brücken
Tel.: 0681/67702

SACHSEN
XXL, Breitscheidstr. 40,
01237 Dresden
Art der Anlage: Innenanlage
Maße: 11 m hoch, Boulder-
bereich
Tel.: 0351/254580

SACHSEN-ANHALT
Turnhalle Stadtfeld, Große
Dammstraße, 38855 Werni-
gerode, Zufahrt von der
Schmatzfelder Straße nach
Norden
Art der Anlage: Innenanlage
Maße: 7,20 m hoch, ca. 29 m²
Ansprechpartner: Geschäfts-
stelle der DAV-Sektion Werni-
gerode, Am Galgenberg 69,
38855 Wernigerode

SCHLESWIG-HOLSTEIN
Burgstaaken, Am Hafen,
23769 Burg auf Fehmarn
Art der Anlage: Außenanlage

Anhang

Maße: bis zu 40 m hoch
Tel.: 04371/3002 oder 3151

THÜRINGEN

Gewerbliche Berufsschule
Meiningen, Am Drachenberg 4,
98617 Meiningen
Art der Anlage: Innenanlage
Maße: 100 m²
Ansprechpartner: DAV-Sektion Meiningen, Henneberger-str. 3, 98617 Meiningen
Tel.: 03693/43706

ÖSTERREICH

Innsbrucker Turnverein,
Fallmerayerstr. 12, 6020 Innsbruck
Art der Anlage: Innenanlage
Maße, Kletterfläche: 8 m hoch, 160 m²
Tel.: 0512/584021

Turnhalle Andorf, Sportzentrum, 4770 Andorf
Art der Anlage: Innenanlage
Maße, Kletterfläche: 10,5 m hoch, 120 m²
Tel.: 07766/3352

ÖAV-Kletterhalle Jägerhof,
Ortsplatz 4,
4203 Altenberg/Linz
Art der Anlage: Innenanlage
Maße, Kletterfläche:
8 m hoch, 280 m²
Tel.: 07230/7206

Tennis- und Squashzentrum,
Oskar-Czeija-Str. 2,
3340 Waidhofen a. d. Ybbs
Art der Anlage: Innenanlage
Maße, Kletterfläche:
7 m hoch, 150 m²
Tel.: 07442/55685

NÖ Landessportschule,
Dr.-Adolf-Schärf-Str. 25,
3100 St. Pölten

Art der Anlage: Innenanlage
Maße, Kletterfläche:
10,5 m hoch, 170 m²
Tel.: 02742/251624

Klettercenter Rotpunkt,
Badener Str. 39, 2512 Tribuswinkel
Art der Anlage: Innenanlage
Maße, Kletterfläche:
12 m hoch, 570 m²
Tel.: 02252/22116

Indoor Climbing Villach,
St.-Martiner-Straße 7,
9500 Villach
Art der Anlage: Innenanlage
Maße, Kletterfläche:
8,5 m hoch, 150 m²
Tel.: 04242/56303

Kletterhalle Imst, Am Raun 25,
6460 Imst
Art der Anlage: Innenanlage
Maße, Kletterfläche:
18 m hoch, 640 m²
Tel.: 05412/62652

ÖAV Kletterhalle Dornbirn,
Messestraße, Halle 3,
6850 Dornbirn
Art der Anlage: Innenanlage
Maße, Kletterfläche:
11 m hoch, 350 m²
Tel.: 05572/305220
Climbing-City-Climbing, Vor-

Künstliche Kletteranlagen

gartenstraße, 1020 Wien
Art der Anlage: Innenanlage
Maße, Kletterfläche:
15 m hoch, 600 m²
Tel.: 01/7263833

Trainingscenter Edelweiß,
Walfischgasse 12, 1010 Wien
Art der Anlage: Innenanlage
Maße, Kletterfläche:
4,5 m hoch, 150 m²
Tel.: 01/5138500

SCHWEIZ

Indoor-Kletterhalle St. Gallen,
Sittertalstr. 34, 9014 St. Gallen
Art der Anlage: Innenanlage
Maße, Kletterfläche:
10 m hoch, 200 m²
Tel.: 071/2788616

Kletterzentrum Gaswerk,
Kohlestr. 12 b, 8952 Schlieren-
Zürich
Art der Anlage: Innenanlage
Maße, Kletterfläche:
18 m hoch, 2100 m²
Tel.: 01/7310282

Aranea Kletterzentrum,
Mühlentalstr. 106,
8201 Schaffhausen
Art der Anlage: Innenanlage
Maße, Kletterfläche:

17 m hoch, 1400 m²
Tel.: 052/6312020

Climber Treff, Tiefriet,
7320 Sargans
Art der Anlage: Innenanlage
Maße, Kletterfläche:
8,5 m hoch, 380 m²
Tel.: 081/7230130

Pleasure-Center, Breitmatt,
6472 Erstfeld
Art der Anlage: Innenanlage
Maße, Kletterfläche:
8 m hoch, 115 m²
Tel.: 041/8801205

Rollerpalast, Eisfeldstr. 2 a,
6005 Luzern
Art der Anlage: Innenanlage
Maße, Kletterfläche:
15 m hoch, 350 m²
Tel.: 041/3860966

Triftbachhalle, 3920 Zermatt
Art der Anlage: Innenanlage
Maße, Kletterfläche:
7 m hoch, 140 m²
Tel.: 027/9662460

Markthalle, Hauptstr.,
3780 Zweisimmen
Art der Anlage: Innenanlage
Maße, Kletterfläche:
9 m hoch, 150 m²
Tel.: 030/244 74

Magnet, Freiburgstr. 632,
3172 Niederwangen
Art der Anlage: Innenanlage
Maße, Kletterfläche:
14 m hoch, 1300 m²
Tel.: 031/9821516

Mur d'Escalade Baulmes,
Rue de l'hôtel de ville,
1446 Baulmes
Art der Anlage: Innenanlage
Maße, Kletterfläche:
12 m hoch, 300 m²
Tel.: 024/591247

Anhang

Felsklettergebiete

Es ist es wichtig, dass vor dem Besuch eines Klettergartens mit einer größeren Gruppe der Regionalvertreter des jeweiligen Klettergebietes im Bundesausschuss »Klettern und Naturschutz« angesprochen wird (beim Deutschen Alpenverein e. V. erhältlich). Dieser kann darüber Auskunft geben, ob sich noch andere Gruppen angemeldet haben und kann Ausweichziele empfehlen. Weitere Informationen bieten Spezialführer über Klettergärten, welche in Bergsportfachgeschäften erhältlich sind. Eine Gesamtübersicht und Informationen über die deutschen Felsklettergebiete liefert zum Beispiel das Buch von Goedecke, R.: Der Deutsche Kletteratlas.

DEUTSCHLAND

BADEN-WÜRTTEMBERG
➤ Schwarzwald, Baden-Baden, Battert
➤ Schwäbische Alb, Donautal

BAYERN
➤ Frankenjura, Oberes Altmühltal, Konstein-Wellheim-Aicha
➤ Frankenjura, Wiesenttal, Gößweinstein

BERLIN
➤ Humboldthain, ehemaliger Bunker

HESSEN
➤ Hessische Rhön, Fulda, Steinwand
➤ Rhein-Main-Gebiet, Butzbach, Eschbacher Klippen

NIEDERSACHSEN
➤ Osnabrück, Laggenbeck, Dörenther Klippen
➤ Weser-Leine-Bergland, Ith, Bisperoder Klippen

NORD-RHEIN-WESTFALEN
➤ Hönnetal
➤ Sprelermühle

RHEINLAND-PFALZ
➤ Südpfalz, Busenberg, Rumbachplatte
➤ Südpfalz, Dahner Felsenland

SACHSEN
➤ Elbsandsteingebirge, Rathener Gebiet, Schrammsteingebiet, Schmilkaer Gebiet
➤ Erzgebirge, Katzensteingebiet, Greifensteingebiet

SCHLESWIG-HOLSTEIN/HAMBURG
➤ Bad Segeberg, Steinbruch

THÜRINGEN
➤ Thüringer Wald, Lauchagrund
➤ Jena, Alma

ÖSTERREICH
➤ Landeck, Affenhimmel
➤ Ötztal, Tumpen/Oberried
➤ Innsbruck/Zirl, Dschungelbuch
➤ Bad Aussee/Untergrimming, Burgstall
➤ Villach, Kanzianiberg
➤ Wien/Meierling, Peilstein
➤ Kaisergebirge, Schleier Wasserfall

SCHWEIZ
➤ Pontresina, Bahnhof Morteratsch
➤ Tessin, Bellinzona/Ponte Brolla
➤ Wallis, Saas Fee, Zur Kapelle
➤ Genf, Anzeindaz, Les Blocs
➤ Jura, Egerkingen, Platte Oberbuchsiten
➤ Meiringen, Rotsteini
➤ Gotthardpass
➤ Ostschweiz, Mettmen, Widerstein

Nützliche Adressen

Deutscher Alpenverein e.V. (DAV),
Von-Kahr-Straße 2-4, 80997 München, Tel.: 089/140 03-0
E-Mail: info@alpenverein.de

Alpine Auskunft des DAV,
Praterinsel 5, 80538 München,
Tel.: 089/29 49 40
E-Mail:
dav-auskunft@t-online.de

Verband der Deutschen Bergsteigerschulen e.V.,
Am Perlacher Forst 186,
81545 München

Jugendbildungsstätte des DAV, Postfach 11 43,
87539 Hindelang, E-Mail:
Jubi.desDAV@allgaeu.org,
Internet: www.allgaeu.org

IG Klettern, Jo Fischer,
Richard-Wagner-Str. 17,
69221 Dossenheim

Österreichischer Alpenverein e.V. (ÖAV), Wilhelm-Greil-Str. 15, 6010 Innsbruck, Österreich, Tel.: 05 12/5 95 47

Alpine Auskunft des ÖAV:
Tel.: 05 12/58 78 28

Schweizer Alpenclub e.V. (SAC),
Montbijoustr. 61,
3000 Bern 23, Schweiz,
Tel.: 0 31/3 70 18 18

Ressort Jugend des SAC,
E-Mail:
jugend.jeunesse@sac-cas.ch

Schweizer Verband der Bergsteigerschulen, Postfach 141,
6490 Andermatt

Internetadressen:

Deutschsprachige Seiten mit umfassenden Inhalten und Links zu Kletterhallen, Magazinen, Ausrüstung, Klettergebieten und vielem mehr:
www.climbing.de
www.klettertraining.de
Englischsprachig:
www.rocklist.com

Organisationen:
Deutscher Alpenverein e.V.:
www.alpenverein.de
Österreichischer Alpenverein e.V.: www.alpenverein.at
Schweizer Alpen Club e.V.:
www.sac-cas.ch

SPORTKLETTERN TOP SICHER: DIE REGELN

1. Aufwärmen
- Schütze Sehnen, Muskeln und Gelenke vor Verletzungen und Überlastungsschäden.
- Klettere erst dann mit voller Belastung, wenn Du aufgewärmt bist.

2. Selbstkontrolle und Partnercheck
- Ist der Anseilgurt korrekt geschlossen?
- Ist der Anseilknoten richtig geknüpft?
- Ist die Partnersicherung ordnungsgemäß eingelegt?

3. Aufmerksamkeit beim Sichern
- Ist das freie Seilende fixiert?
- Wähle einen stabilen Standort schräg unter dem ersten Haken.
- Beobachte Deinen Kletterpartner.

4. Kommunikation
- Gib Bescheid, bevor Du Dich ins Seil hängst
- Gib Bescheid, bevor Du kontrolliert abspringst.

5. An der Umlenkung oder am Ende der Route:
- **Nie Seil auf Seil**! Achte darauf, dass an der Umlenkung nur ein Seil eingehängt ist.
- Nie direkt über Reepschnur oder Bandmaterial Toprope sichern oder ablassen.
- Nie die Umlenkung überklettern!

6. Vorsicht
- Nie an einer einzelnen Express-Schlinge topropen.
- Ein Helm schützt vor Kopfverletzungen bei Anprall oder Steinschlag.
- Ist das Seil lang genug zum Ablassen?

7. Rücksicht
- Warte, bis Deine Route frei ist.
- Halte Sicherheitsabstand, wenn jemand über Dir klettert.
- Blockiere Routen nicht unnötig, wenn andere klettern wollen.

Die 351 Sektionen des Deutschen Alpenvereins e.V. bieten bundesweit Kletter- und Ausbildungskurse an. Unter Telefon 089/14003-0 oder www.alpenverein.de erhalten Sie Informationen darüber, wie Sie Mitglied werden können.

Literatur

DAV: Alpin Lehrplan 2, Felsklettern/Sportklettern. München 1991 (Hoffmann, M./Münchenbach H./Pohl, W.).

DAV: Alpin Lehrplan 2, Felsklettern/Sportklettern. München 1996 (Hoffmann, M./Pohl, W.).

DAV: Alpin Lehrplan 6-Sicherheit/Ausrüstung München 1991 (Schubert, P.)

DAV: Wettkampfbestimmungen (WKB) für Sportkletterwettkämpfe. Ausgabe 1999. München 1999.

DAV: Leitbild Klettern für die außeralpinen Felsgebiete in Deutschland. München 1999.

DAV: Ausbilderhandbuch. München 1992.

Goddard, D./Neumann, U.: Lizenz zum Klettern. Neuland Mediaworks, Köln 1995.

Güllich, W./Kubin, A.: Sportklettern heute. Bruckmann Verlag, München 1987.

Güllich, W.: Die Aspekte des Sportkletterns. In: Rotpunkt 2 (1989). S.40-50.

Hochholzer, Th./Eisenhut, A.: Sportklettern. Verletzungen. Prophylaxe. Training. Lochner Verlag, München 1993.

Hoffmann. M.: Sportklettern. Odyssee Verlag, München 1992.

Köstermeyer, G./Tusker, F.: Sportklettern. Technik und Taktiktraining. München 1997.

Kümin, M.: Sportklettern – Einstieg zum Aufstieg. SVSS Verlag. Bern 1997.

Pohl, W./Glowacz, St.: Richtig Freiklettern. BLV Verlag, München 1989.

Radlinger, L.: Bergsporttraining. BLV Verlag, München 1983.

Randelzhofer, P.: Zur Funktion und Wirkung von Sicherungsgeräten beim Klettern. Unveröffentlichte Diplomarbeit. München 1996.

Winter, St.: Sportklettern mit Kindern und Jugendlichen. BLV Verlag, München 2000.

Zak, H./Güllich, W.: High Life. München 1987.

Bildnachweis

Archiv Leipziger Messe: Seite 16
Bauer: Seite 112 (mit freundlicher Genehmigung des DAV)
Dross, Olli: Seite 18
Geiger, Daniel: Seite 91
DAV: Seite 119
Lost Arrow: Seite 19, 21
Kost, Marco: Seite 7, 15, 36, 37, 42 (rechts)

Jäger, Mike: Seite 17, 62, 74, 89, 100, 105
Mühlschlegel, Birgit: Seite 118
Salewa: Seite 69, 70 (unten), 71, 72 (rechts), 73, 104,
Schrag, Karl: Seite 9
Winter, Stefan: Seite 10, 14, 20, 21, 24, 27, 28, 29, 32, 33, 34, 38, 39, 40, 41, 42 (links oben und unten), 43, 44, 46, 47, 49, 50, 51, 52, 53, 54, 55, 56, 57, 58, 59, 60, 61, 63, 64, 65, 67 (links), 70 (oben), 72 (links), 84, 110, 111, 117, 119

Aufbruch ins Bergabenteuer

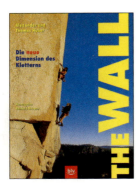

Alexander und Thomas Huber
Herausgeber Reinhold Messner
The Wall
Die erste Dokumentation über Alexander und Thomas Huber – Vorbild und Wegbereiter für innovative Kletterer im höchsten Schwierigkeitsgrad: Entwicklungsstationen, spektakuläre Erstbegehungen und Expeditionen; mit Kommentaren von Reinhold Messner.

Pit Schubert / Pepi Stückl
**Alpin-Lehrplan Band 5:
Sicherheit am Berg**
Für Wanderer, Bergsteiger, Kletterer und Skibergsteiger aller Könnensstufen: die Ausrüstung und ihre Anwendung mit allen technischen Neuerungen und Verbesserungen, Sicherung und Sicherheit – Theorie und Praxis.

Michael Hoffmann / Wolfgang Pohl
**Alpin-Lehrplan Band 2:
Felsklettern – Sportklettern**
Klettertechniken, Taktik beim klassischen Felsklettern, Stürzen und Taktik beim Sportklettern, Sicherungsmethoden, Ausrüstung, Wetter, alpine Gefahren, Orientierung, Umwelt- und Naturschutz.

Michael Sachweh
**Bergwetter für Sport
und Freizeit**
Alles über Wetter und Klima der Gebirgsregionen – Schwerpunkt Alpenraum – speziell für Wanderer, Bergsteiger, Kletterer, Mountainbiker, Skifahrer und Snowboarder, Segel- und Drachenflieger, Paraglider, Ballonfahrer, Segler und Surfer.

Stefan Winter
**Sportklettern mit Kindern
und Jugendlichen**
Kletter- und Sicherungsformen, didaktisch aufgebaute Übungsvorschläge, spezielle Tipps für verschiedene Altersstufen, Recht und Versicherung, Vorbeugen von Überlastungsschäden und vieles mehr.

Pascal Sombardier
**Die Klettersteige
der Dolomiten**
Die 50 schönsten Eisenrouten in den Dolomiten und rund um den Gardasee; Beschreibung jeder Tour: An- und Abstieg mit großformatigen Fotos und Routenskizze; Kurzinfos zu jeder Tour: Ziel, Ausgangspunkt, Weglänge, Höhenunterschiede usw.

Im BLV Verlag finden Sie Bücher zu den Themen: Garten und Zimmerpflanzen • Natur • Heimtiere • Jagd und Angeln • Pferde und Reiten • Sport und Fitness • Wandern und Alpinismus • Essen und Trinken

Ausführliche Informationen erhalten Sie bei:
**BLV Verlagsgesellschaft mbH • Postfach 40 03 20 • 80703 München
Tel. 089 / 127 05-0 • Fax 089 / 127 05-543 • http://www.blv.de**